2013年浙江省社会科学界联合会重点研究课题：基于SAT构造化联想法对提高大学生自尊水平的干预研究（课题编号：2013Z32）

浙江省教育科学规划2013年度高校研究课题：提高大学生心理复原力的介入研究——基于构造化联想法理论的新探索（课题编号：SCG038）

找回命运之爱

——50岁开始的夫妇心理学

［日］宗像恒次／著
胡文燕／译

知识产权出版社
全国百佳图书出版单位

图书在版编目（CIP）数据

找回命运之爱：50 岁开始的夫妇心理学/［日］宗像恒次著；胡文燕译．—北京：知识产权出版社，2015.5
  ISBN 978 – 7 – 5130 – 3481 – 4

Ⅰ.①找… Ⅱ.①宗…②胡… Ⅲ.①婚姻 – 社会心理学 – 通俗读物 Ⅳ.①C913.13 – 49

中国版本图书馆 CIP 数据核字（2014）第 095711 号

责任编辑：刘 睿 文 茜　　　　　责任校对：董志英
文字编辑：文 茜　　　　　　　　　责任出版：卢运霞

找回命运之爱
——50 岁开始的夫妇心理学
Zhaohui Mingyun zhi Ai
［日］宗像恒次 著　胡文燕 译

出版发行：	知识产权出版社 有限责任公司	网　　址：	http://www.ipph.cn
社　　址：	北京市海淀区马甸南村 1 号	邮　　编：	100088
责编电话：	010 – 82000860 转 8113	责编邮箱：	liurui@cnipr.com
发行电话：	010 – 82000860 转 8101/8102	发行传真：	010 – 82000893/82005070/82000270
印　　刷：	保定市中画美凯印刷有限公司	经　　销：	各大网上书店、新华书店及相关专业书店
开　　本：	720mm×960mm 1/16	印　　张：	9.5
版　　次：	2015 年 5 月第一版	印　　次：	2015 年 5 月第一次印刷
字　　数：	108 千字	定　　价：	30.00 元
京权图字：	01 – 2015 – 1128		
ISBN 978 – 7 – 5130 – 3481 – 4			

出版权专有　侵权必究
如有印装质量问题，本社负责调换。

中文版序

在日本,最为常见的离婚理由是性格不合。可这个理由与生物学视角的观点又是极其相悖的。为什么这样说呢?生物学认为人类具有特意选择与自己不合、基因不同的人作为结婚对象的倾向。生物为了让子孙后代更好地存活并得以延续,本能上会不断追求发展自身基因的多样性。譬如说在择偶时,无论是人类还是动物都会对MHC(主要组织相容性复合体)这种特定遗传基因的气味进行判断后来筛选。对方的MHC遗传基因越是与自身所具有的不同,越是可以为子孙后代带来广泛多样的免疫基因,增强他们对疾病的抵抗力,使他们更大可能地生存下去。这仅仅是生物学从免疫遗传基因角度给出的理由,今后科学也许还将证明生物在择偶时也在追求其他基因的多样性。

如果你问起那些在派对上或者通过相亲认识的夫妻,当初为什么会认定彼此时,或许他们能给出一个体面的或者看似合理的理由,然而事实上大多人是在"自己也不知道为什么"的情况下,凭直觉作出的选择。这就是人类以对方散发出的气味和外在为线索,为了寻求遗传基因的多样性而运用直觉进行分辨并作出选择的表现。承担这种功能的部位是位于脑中的杏仁核。杏仁核从来不会考虑原因和逻辑,而是凭借DNA的气味、声音以及面部表情等信号,从使子孙后代的更好地生存角度，选择出能让杏仁核感到安心的理想伴侣。

有了上述理由，再重新来看婚姻，你会明白"合得来的"夫妻本来就极少，可以说大部分都是"合不来的"。也因此为了与自身遗传基因不同的另一半保持良好的关系，知识和智慧就显得格外重要。

比如说，期望着马上得到回应、即使是谎言也希望得到赞美的具有循环气质遗传基因的妻子就极容易对安静、不会立刻作出反应、没有视线交流的自闭气质的丈夫产生抱怨和不满。如果没有知识和智慧，只是一味地以自身的气质为标准去期望对方，夫妻间在期待内容上的分歧将一生无法解决。不能够去期待的那些行为是由对方的遗传因素决定的，对方无论如何此生都无法做到。如果夫妻之间存在这样的期待误区，那么他们越是靠近，越会伤害对方的感情，让彼此痛苦，最终招致疾病的产生。明智的做法是绝不期望对方去做他/她天生就无法做到的行为，只去期待由遗传基因决定的他/她可以做到的行为。也就是说只要不去期望"无中生有"，便可以维持和谐的夫妻关系。本书将要介绍的正是关于不同基因气质的知识和智慧。

通常，由于我们缺少这些基因气质的知识，在试图理解配偶的言行时，往往容易将另一半与自己的养育者调换位置。例如一位妻子用严厉的父亲替换掉本是沉稳、安静的丈夫，再将自己替换成极其隐忍的母亲。如此一来，这位妻子就会像自己的母亲一样，无法说出"帮帮我吧"，并感觉丈夫（在头脑中被父亲替换后的）不能够依靠，凡事只有自己一个人承担。即使妻子本人与其养育者所处的时代已经不同，她又特意选择了不同于父亲的稳重且安静的丈夫，她还是会像母亲一样选择孤独和忍耐，哪怕是在刚刚流产之后，也仍旧劳碌地照顾家庭。在看待自己的伴侣时，即使面对的是自己当初凭直觉选择的基因不一样的丈夫，她也无法相信这份不同。类似于此，我们与伴侣的关系常常受到自身与养育者以及养育者之间的关系脚本影响，甚至会被大脑"自以为是"地认定二者是同一回事。此外，我们还会将自己从小到大对养育者的种种不满和怨恨投射到"自以为是"期待落空的伴侣身上。本书会介绍到SAT印象疗法的几个案例，更好地帮助大家理解和消除被替换后的自己所杜撰出来的各种妄念。

为了修复夫妻关系，良好的、在心灵层面的沟通必不可少。以感情和身体感觉为切入点，我们就可以发现对方心灵深处的欲求。因此，为了觉察自己以及伴侣心灵深处的欲求，并且将彼此的欲求很好地表达给对方，本书还将介绍沟通和交流的技术。

本书由上述内容构成，欣闻中文版本即将发行，我不胜欢喜。在此，我对我的学生，也是本书的译者胡文燕博士以及出版社编辑等相关工作者深表感谢，也借此向此刻正在阅读本书的中国读者们表示深深的谢意。

宗像恒次

2014年10月吉日

译者序

尊敬的读者朋友们，大家好！

很高兴这本书终于能够在中国与各位见面。作为第三本在中国发行的介绍SAT疗法系列通俗读物，本书秉承了宗像恒次老师的一贯写作风格：理论与生活实例相结合，图文并茂，生动鲜活，一气呵成。这是一本能够触动人的灵魂、改善夫妻关系的具有极高可读性和指导性的书籍。

世界上的心理流派和心理疗法众多，但是没有哪一个疗法如SAT疗法一样，如此专注于自我成长，专注于支援生活方式的改变。SAT疗法注重家庭成员的关系，通过支援改善夫妻关系或家庭环境，进而帮助来访者找回健康和幸福。在过去的10年里，我跟随宗像老师做临床咨询，见证了一个又一个身患癌症、类风湿、抑郁症、精神分裂症等身心疾病的来访者，通过找回夫妻间的爱而唤醒了身体的自然治愈力，脸上重现轻松的笑容，开始了真正满足的人生。

SAT疗法就是这样，能够帮助我们在生命中体会被爱的满足，爱自己和爱别人的尊贵。让我们可以将失败、挫折、疾病、事故、纠纷变成自我成长的能量，将每一次的失败和挫折当做人生的粮食，从中学习，并最终能够感谢这一切发生在自己的生命里。它会让我们看到：正是因为有了这些事情的发生，我们才能停下来，重新审视自己以及生活方式，才有机会来认识自己并做回本来的自己。

从筑波大学退休后，宗像老师仍然保持着一年当中只在元旦这一天休息的习惯，他以极大的热情和使命感投身于贡献社会的事业当中——为社会人士开办 SAT 疗愈工作坊，培养 SAT 疗法咨询师，培养 SAT 疗法讲师，还要在一年里接待近 600 余人次的个案咨询治疗。宗像老师尊重每一个来访者，用他的话说是"敬意"。我想，这是宗像老师对生命和爱的敬意，是对来访者用生命来呼唤爱、挽救爱的敬意。真心地希望本书也能够帮助有需要的中国读者们重新在自己的婚姻中找到爱、活力和感动。

在这本书的翻译过程中，我迎来了人生中最好的礼物——宝贝儿子。怀念带着他一起翻译、一起校稿的那个夏天。本书的出版，也算是送给宝宝的一份礼物吧。感谢我的爱人，每次我在最需要他的时候，都能得到他无条件地理解和支持。

最后，非常荣幸本书能由中国知识产权出版社出版。感谢出版社刘睿主任和本书的责任编辑文茜女士对本书的出版所给予的大力支持。感谢谢鹏同学在本书初译过程中对我的协助。感谢我的挚友杨文洁、赛燕燕女士在初次校稿的时候对我温暖的支持。感谢读者们对此书给予的厚爱！本书虽然经过众人精心校阅，亦难免有疏漏之处，望读者朋友们不吝赐教。

文燕
2015 年春

序言　难道真的嫁错了人吗？

● 不该是这样

古今中外都有一种说法：夫妻之间的蜜月期不会持久。从生理学角度来看大概也就是3年。热恋期男女双方的关系之所以会非常巩固和紧密，是因为大脑分泌大量荷尔蒙（多巴胺、苯乙胺甚至催产素）的缘故。此外，这些荷尔蒙又引起安多芬（类似吗啡、鸦片作用的肽类物质）分泌的联动反应，使热恋中的情人陷入像鸦片中毒一样的状态。然而这种中毒状态如果一直持续，对生命体而言便十分危险，因为这些荷尔蒙的分泌量会开始逐渐减少。所以说，无论多么激情似火的爱情，都势必有冷却下来的一天。可也就在这个时期，如果能完成从"恋"到"爱"的转换——建立起一种相依相惜、彼此守护、彼此理解并能携手度过人生中各种难关的"爱的关系"，两个人会感受到被更加牢固地联结在了一起，成为风雨同舟的伴侣。

然而事实上，相当多的夫妻都无法顺利度过这个"3年的坎"，彼此的心越离越远，待到人近中年时，这条裂痕已经到了无法填平的地步。

酒井纪子女士（化名，48 岁），丈夫告诉她自己办理了提前退休时，已经是所有手续完成之后的事情，说是因为业绩不好，丈夫难辞其咎，其实也是公司的一种变相裁员。纪子嘴上说着"你辛苦了"，可是心里却压抑着想要爆发的怒火，"受够了丈夫事前什么也不与自己商量就擅自行动、为所欲为"。

按照刚才提到的"爱的关系"的内容，可以说这对夫妻的关系并不是"能携手度过人生中各种难关"的关系。究竟是从何时开始变成了这个样子？据纪子说，应该是在她养育子女最难的时候却没有得到丈夫的帮助那会儿就开始了，"那时我以丈夫工作忙没办法为理由，对他几乎不抱什么希望。即便是偶尔休息在家，我一让他帮我做点儿什么，他马上就一副不高兴的样子。既然如此，我暗下决心再也不拜托他任何事，反之在子女教育上我也绝不容他插嘴"。

丈夫并不知道妻子内心的想法，当孩子渐渐长大，他开始对纪子的教育方式频繁干涉。每次丈夫说些什么，就使纪子更加坚定地相信"这个人是绝不会明白我和孩子的感受的"。因此，即使心里可以理解职场失意后丈夫的心情，可是对于现在的自己，纪子只在想"这是别人的事，和我毫不相干"。明年将要年满 20 岁的独子也对眼前的父亲视若无睹。

不过在世人眼中，这样的夫妻可能尚且算是不错了吧。纪子自己也无力地以为"夫妻之间就是这么回事"，因为不光是自己，放眼周围的那些夫妻也都一样，一边控诉着对丈夫的不满，一边却又在维持着表面上的和睦。

* * *

带着还在读高中的两个女儿离家出走的藤原亚纪女士（49 岁）

自从结婚开始,便一直和丈夫(52岁)的父母住在一起。她与婆婆合不来,婆媳关系不断恶化,丈夫却一直佯装不知。后来公公得了老年痴呆症,婆媳在对公公的照料问题上也出现强烈的意见分歧。丈夫倒向婆婆一边,竟然摆出一副"由儿媳妇照料公公,是天经地义"的口吻,这更加坚定了亚纪离开的决心。

照料年迈父母的问题本应该是由夫妻互相支持、共同跨越的"难关"之一。可是丈夫却粗暴地将这个任务强加于妻子一人肩上。不过,这不是致使亚纪决心离婚的唯一理由。她更加害怕照看老人的负担会影响到两个女儿,可丈夫完全没有考虑到这一点,她彻底地失望了。

* * *

还有一些夫妻,常常把"离婚、离婚"挂在嘴边可却从来也没分开过。

星野由佳里女士(40岁)在10年前就产生想要搬出这个家的想法了。丈夫(48岁)自从第一次工作调动不顺以后,就不断重复着辞职、调职的生活,现在已然成了一个自由打工者。面对正处于发育旺盛年龄的3个儿子和房贷,由佳里代替了丈夫的角色,常常不分昼夜地工作以补贴家用。由佳里第一次冒出"离婚"的念头是始于"我开始怀疑现在的一切都是因为他根本就无心好好地工作"。对于整天在家无所事事的丈夫,她很无奈,也曾把离婚协议放在丈夫面前,可是至今仍没有迈出这一步。

那些想离却离不成,还有那些看似肯定早晚要离婚的夫妻往往是怎么也离不了。这也是夫妻的一个谜。关于为何"离不成""不离"的谜底，我们将在下文中见分晓。

* * *

白石久美子女士（49岁）的丈夫（54岁）与刚刚提到的这位丈夫正好形成鲜明对比。作为创业成功的公司老板，他充满自信，无论在公司还是在家里，他都是让人害怕的"暴君"。和丈夫在一起的时间，久美子就从来没有轻松过，可这并不妨碍她相信自己是幸福的。世事难料，公司倒闭，当她第一次看见丈夫不安焦虑的样子时，她的心动摇了——"他没有遵守约定"。

据久美子描述，她与丈夫间有一个心照不宣的约定"各尽其职，互不干涉"。一直以来，他们都各自恪守身为妻子和丈夫的本职，久美子之所以能追随丈夫多年，是建立在丈夫是一个成功者的前提下。由此可见一斑，平日疏于经营感情、缺少为婚姻作出努力的夫妻，在面对难关和危机时，竟是如此脆弱、不堪一击。

* * *

最后要介绍的这对夫妻有些与众不同，他们关系和谐，却选择了分居。因为妻子相泽美佐（50岁）在婚后没有放弃工作，他们住在了离妻子的娘家很近的地方。抚养子女、洗衣做饭，几乎家里的一切都由母亲代为打理。每天下班之后到娘家吃饭，然后带着孩子回家的生活，对美佐来说惬意至极，但是对于丈夫（47岁）而言，却是如坐针毡。因为岳父母从开始就反对他们的婚事，即便是婚后也并没有完全地接纳他。丈夫最初以加班为由不回来吃晚饭，不久便不再登门了。"我为了你们俩做了这么多,他却……",厌倦了母亲的抱怨,美佐"略施小计"决定暂时和丈夫分居。丈夫也觉得"如果这样能让岳母感觉舒服些的话",不妨一试。谁曾想当初的这个轻率决定让她后悔莫及。分居一年后,有人发现了美佐丈夫的尸体,死于睡眠时无呼吸症,如果是"相依相偎、彼此守护的夫妻关系",原本可以避免的一场悲剧就这样发生了。

● 夫妻关系的恶化会导致疾病

夫妻间若是一直隔阂不断,脑海中难免会出现这样的想法:也许真的是嫁(娶)错了人。这种心情被埋在心底、无法说出口,于是他们就一些生活事件去指责对方,给对方带来压力。尤其当对方是那种非常认真的人时,这些压力还可能成为产生重大疾病的诱因。

美佐的丈夫因睡眠时的无呼吸症去世,以悲剧收场。前面介绍到的4对夫妻也都各自患有不同的疾病。虽然冷淡,但仍然守在丈夫身边的纪子女士,在孩子出生后患格雷夫斯病(突眼性甲状腺肿),已有18年之久,病情反复从未停止服药。代替丈夫操持生计、刚过40岁的由佳里女士除慢性疲劳之外,还过早地出现了潮热、头痛等更年期综合症。身为公司老板之妻的久美子女士经常出现眩晕、昏倒的现象,后经医院检查诊断为梅尼埃病(特发性内耳疾病)。此外,亚纪和由佳里女士的丈夫还被胆结石困扰,久美子女士的丈夫在公司破产后患了胃溃疡。可以说,上述每一种疾病都是由巨大压力引起的典型现代病。

夫妻之间因想法不同、各自内心的需求不能得到满足等诸多纠葛所带来的压力,有时会招致疾病,还有些则使原本可以治愈的疾病长期拖延而最终无法根治。本书正是以身心方面表现出的疾病症状为切入点，探寻其背后所隐藏的夫妻关系问题。

　　也许大家都认为"没有人希望自己生病"，但事实远非如此。当试图修复不断恶化的夫妻关系时，配偶中的一方甚至是双方，就会不自觉地让自己向疾病、事故或者重大失败靠近。充斥着纠葛与爱的夫妻关系深处潜藏着诸多谜团。接下来就让我们一起揭开这些超出大家想象的谜底。

目　录

第一章　藏在深处的"丈夫的心情" ………………………………（1）
- 抑郁症丈夫的内心呼喊 ……………………………………（1）
- 一直压抑着自己的丈夫 ……………………………………（3）
- 跟抑郁症沾边的人都是超级乖宝宝 ………………………（5）
- 如果没有我，那个人将一事无成 …………………………（8）
- 种植在爱中成长的记忆 ……………………………………（10）
- 一个失去孩子的妻子的悲伤 ………………………………（13）
- 夫妇重修旧好的机会 ………………………………………（16）

第二章　妻子的期待、丈夫的期待 …………………………………（18）
- 命中注定的相遇 ……………………………………………（18）
- 所谓夫妻，一定是相似的吗？ ……………………………（20）
- 关于人生的"独特脚本说" …………………………………（23）
- 被巧妙策划的命运 …………………………………………（26）
- 容易遇见"命中人"的时代 …………………………………（28）
- 三种爱的欲求 ………………………………………………（30）
- 当出现对爱的渴望感时 ……………………………………（32）
- 在胎内期到底发生过什么？ ………………………………（34）
- 危险的胎内 …………………………………………………（35）

- 魔法的爱的语言 …………………………………………（37）
- 为什么就不能理解我？ …………………………………（40）
- 自己内心真正的欲求是什么？ …………………………（45）

第三章 如何才能成为本来的自己 …………………………（48）
- 想成为的自己才是本来的自己 …………………………（48）
- 被创伤操纵的人生 ………………………………………（51）
- 改变胎内印象 ……………………………………………（56）
- 你的重要环境——父母 …………………………………（65）
- 重建父母印象 ……………………………………………（66）

第四章 从"生存伴侣"向"爱的伴侣"转变 ……………（74）
- 你的丈夫也有酒精依赖吗？ ……………………………（74）
- 出人头地和家庭，孰重孰轻？ …………………………（76）
- 没有不希望自己妻子幸福的丈夫 ………………………（78）
- 为什么不能成为爱的伴侣 ………………………………（80）

第五章 是该离婚，还是重新修复关系？ …………………（82）
- 10年，我的忍耐已经到了极限 …………………………（82）
- 还爱着，却分手的夫妻 …………………………………（84）
- 希望你做回真实的自己 …………………………………（88）
- 选择陪伴妻子左右 ………………………………………（89）
- 绕了一个大弯后和好如初的夫妻 ………………………（91）
- 癌症和爱的默契关系 ……………………………………（93）
- 如何使抑癌基因的活性增强？ …………………………（96）

第六章 请在夫妻对话中加入爱的信号 ……………………（101）
- 夫妻共同经营的伴侣关系 ………………………………（101）
- 夫妻间需要"灵魂的交流" ……………………………（106）

- 交流从倾听开始 …………………………………（110）
- 培养爱的交流技术 ………………………………（113）
- 怎样才能良好地进行自我主张 …………………（117）
- 请相信右脑的直觉和闪现 ………………………（121）

附录一：再养育印象法（练习用）……………………（124）
附录二：双亲以及前世代再养育的指南表 …………（127）
后　记 ……………………………………………………（128）

第一章 藏在深处的"丈夫的心情"

● 抑郁症丈夫的内心呼喊

现今,以中老年年龄层为中心,罹患抑郁症的人数在急剧增加。不得不提的是,据统计,在近7年时间里的20万以上的自杀者中,大约70%都与抑郁症有关。抑郁症的治疗和康复离不开家人尤其是配偶的支持。说到这里,我们就先从抑郁症开始,看一看夫妇的内心深处发生了什么。

多年来,我将至今为止仍被科学研究所忽视的"心"作为切入口,对各种疾患和压力之间的因果关系进行探索研究。更准确地说,就是研究产生"心"这种现象的脑运作机制。主要着眼于大脑中的情动发电装置——杏仁核(见图1-1)部位的活动,解开杏仁核是如何作用于"心"的奥秘。如果一个人经历过内心深受伤害的体验,就会作为情动记忆(愤怒、恐惧等记忆)保存在杏仁核中。而一旦具备必要的条件,这些情动记忆就会通过身心疾患的方式表现出来。

我创造开发的"SAT印象疗法"是一种直接链接杏仁核(见图1-2)、利用右脑的闪现和左脑的认知相结合的技术来治愈身心疾患

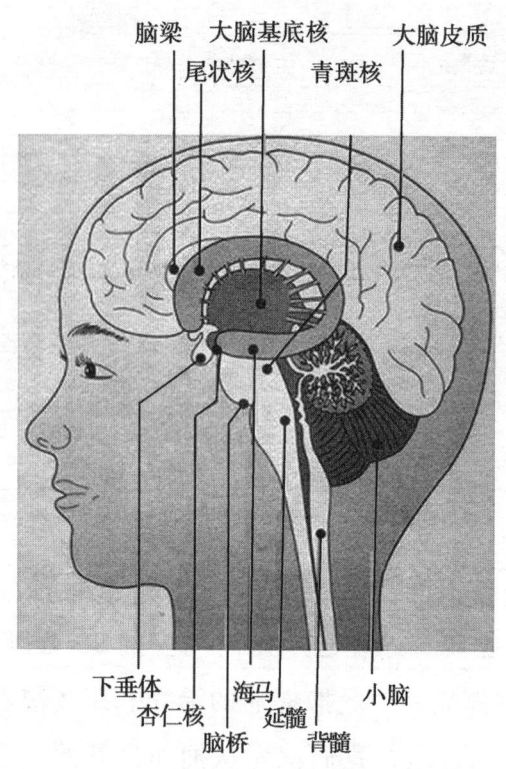

图1-1 大脑右半球

的心理疗法。SAT 是 "Structured Association Technique" 的略写，它是一种高度结构化的、经过一定训练无论是谁（包括你自己）都能够利用闪现和直觉灵活使用的咨询方法。本书通过咨询案例慢慢地向大家讲解它的具体内容，接下来要介绍的这两对夫妻就是通过接受"SAT 印象疗法"治愈抑郁症的。在夫妻一心共同跨过抑郁症这个难关的过程中，他们还发现了侵蚀彼此心灵的"真正的病根"所在。

第一章 藏在深处的"丈夫的心情"

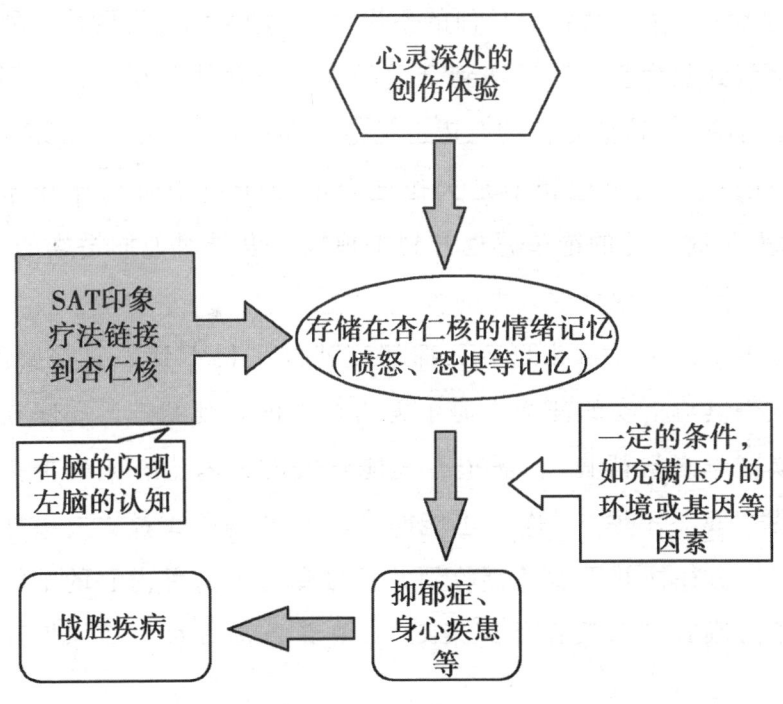

图 1-2　链接杏仁核的 SAT 印象疗法

● 一直压抑着自己的丈夫

妻子当面的那句"算我当初看走眼，错嫁给你"，成为接连几个月没有休息、承受巨大工作压力而持续失眠、心情烦躁的佐藤祐介先生（50 岁）罹患抑郁症的引子。祐介幼年时，母亲就早早地离开了他，在严厉的父亲身边他是压抑着自己长大的。据他本人说："事实上，我外婆也在我母亲很小时就去世了。外公虽然再婚却终日吵架，母亲说她每天都小心翼翼、察言观色，从不敢有自己的想法。"

3

对于在这种环境中长大的祐介，我们不难想象他的内心里绝不愿意与妻子分离，哪怕有任何的不愉快。"母亲和自己两代人所经历的不幸就到此为止吧""遇到合适的人，与她彼此相爱，幸福地生活永不分离"，这些是他的愿望也是他生存的目的。也正因如此，当他从自己一度坚定地相信是天作之合的妻子口中听到那冷冰冰的"嫁错人"时，他的绝望感也升到了顶峰。妻子对他们婚姻的否定，无疑是等同于对他全部人生的否定。

如果用一个比喻来形容，抑郁症就像是得不到内心需要的爱，而落入恐惧与不安的汪洋大海中无力挣扎的将死状态。心底在悲切地呼唤"谁来帮帮我"，渴望有人能够安慰，渴望有人来拥抱，渴望即使"我"不说，"你"也能明了。可当妻子或者丈夫患抑郁症时，另一方往往并不能够接收到并且接受对方这种内心的呐喊。更多的是激励其"赶紧振作起来吧"，或者是责备对方"你想没想过今后该怎么办"。

当我们探寻抑郁症的原因时，你会发现有这样必不可少的三个要素（见图1-3）：以认真、诚实、责任感强及完美主义为特征的"执着气质"，创伤"记忆"和目前所处的容易引起不安和恐惧的极端压力"环境"。这里我们要先来谈谈创伤（trauma）。现如今，在所有年龄层均可见由"心"的问题引起的疾病或症状，"创伤"这个词已经像流行语一样常常被人们挂在嘴边。从心理学定义来看，创伤是指因经历各种巨变或冲击，以至于在心理层面产生挥之不去的阴影。心理创伤一般不会随时间而自然治愈，并且很可能造成当事者心理状态及精神活动方面的障碍（西泽哲，1997）。在精神病学上，创伤是指因在天灾、事故、战争、恐怖活动及空难等"超出一般常人经验的事件"中经历过自己的生命危机或亲历他人死亡的体验而造成的精神上的创伤。

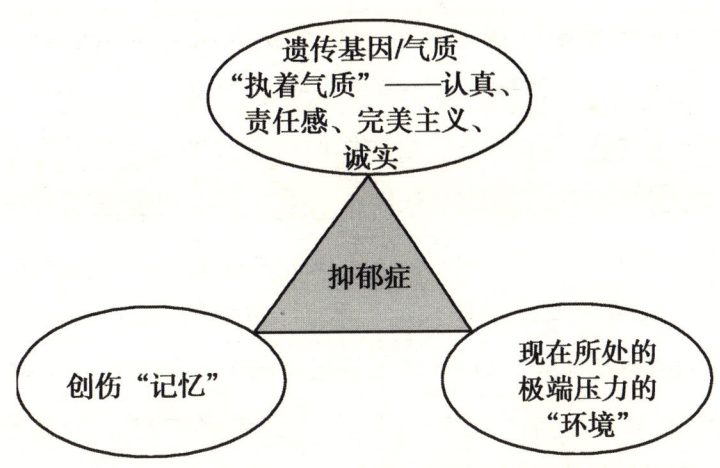

图1-3　作为抑郁症成因的三要素

与前面提到的心理学和精神病学上的定义有所不同，在本书中，创伤是指自己或他人过去没有解决的心伤记忆：当真正需要关爱时没有被关爱；无论别人怎么想，当自己应该守护自己的时候没能守护自己；没能去爱护那些本应爱护的人。这些记忆隐藏在潜意识之下，多数情况下自己是无法觉察的。而且按照笔者所定义的创伤概念来看，即使是存在程度上的差别，也几乎可以说所有人都或多或少、或深或浅地存在某些心伤记忆。

● 跟抑郁症沾边的人都是超级乖宝宝

一个诚实、认真、责任感强的人虽然听上去好像无可挑剔，不过这种类型的人却常常很害怕被别人讨厌，因此容易为迎合别人的期待而压抑自己真实的心情、想法和欲求。如果说这类人共同的名字叫"乖宝宝"，那么，罹患抑郁症的大部分人就是其中的超级乖宝宝。

其实，乖宝宝的内心里一方面非常渴望"别人能够理解和认可真实的自己"，另一方面又害怕表露真心会让人讨厌而被抛弃，这种恐惧感时时存在于他们的内心深处而使他们无法将真实的愿望表达出来。这样的行为特征使他们对家人尤其是作为人生伴侣的配偶有着更加强烈的完美主义期待——"至少你们，我最亲的人应该要接纳一个完全真实的我自己啊"。如此情形下，如果另一半弃之而去，他们会极其认真固执地认为自己完全没有存在价值而陷入绝望的深渊。

在进行 SAT 印象疗法咨询前，我们会对来访者的 DNA 气质及心理行动特征进行测试，以明确他们潜在的"心病"。通过其中的"乖宝宝检测量表"（见表 1-1）大致就可以测出乖宝宝程度的高低。此外，乖宝宝程度即自我抑制型行动特征高的人往往对人依存

表 1-1 自我抑制度量表（乖宝宝度量表）

（请在与你平时的心情和想法相符的项目旁画○，然后将分数相加算出总分）

序号	心情和想法	画○	非常相符	大致相符	不相符
1	自己是属于抑制个人感情的人		2	1	0
2	对于自己的想法无法轻易地说出口		2	1	0
3	自己是属于很在意别人的言行神色的人		2	1	0
4	自己是属于即使有痛苦的事也能忍耐的人		2	1	0
5	希望自己被别人认可、被别人喜欢		2	1	0
6	自己是属于按着别人的期待去努力的人		2	1	0
7	自己不是属于非要彻底执行自己意见的人		2	1	0
8	觉得自己不像自己本来的个性		2	1	0
9	自己是属于感到批评别人不好的人		2	1	0
10	希望对自己来说很重要的人，能够理解自己		2	1	0

0~6 分→低乖宝宝度；7~10 分→中等程度乖宝宝；11~14 分→稍高程度乖宝宝；15~20 分→超级乖宝宝，容易出现抑郁症等。

程度（见表1-2）或者隐藏的对人依存的愿望也很强烈。对祐介先生已经无须测试，我们也几乎可以判定他一定是"乖宝宝检测量表"得分超过15分的超级乖宝宝。

表1-2 对人依存型的行动特性

（请在与你平时的心情和想法相符的项目旁画○，然后将分数相加算出总分）

序号	心情和想法	画○	非常相符	相符	有时相符	不相符
1	对自己的判断非常自信		0	0	0	1
2	感觉别人好像不理解自己，心里比较容易受伤		1	1	0	0
3	自己是属于生病时，不愿让周围的人照顾的人		0	0	0	1
4	有事不善于求人		0	0	0	1
5	我比任何人都需要有一个能支持我、辅助我的人在身边		1	1	0	0
6	对初次见面的人，总是担心是否能始终应对得体		1	1	0	0
7	总得来说，我是能被别人依靠的人		0	0	0	1
8	我是不介意别人说什么的人		0	0	0	1
9	如果被自己认为是非常重要的人抛弃，自己会变得不知所措		1	1	0	0
10	我是属于会马上赞成别人意见的人		1	1	0	0
11	自己身上缺乏成为优秀领导者的素质		1	1	0	0
12	我不需要别人为自己做各种事情		0	0	0	1
13	自己并不擅于一个人做决定		1	1	0	0
14	我总是担心会失去自己认为是最需要的人的好意和帮助		1	1	0	0
15	当无法从周围人那里得到我认为是必要的东西时，我就会感到很失望		1	1	0	0
16	总得来说，我是依赖别人的人		1	1	0	0
17	与其自己当领导，还不如追随别人		1	1	0	0
18	我凡事只靠自己		0	0	0	1

3分以下→低依存度，我行我素，但也有各别存在隐藏的依存心。4-8分→稍高程度依存度。9分以上→超级依存型，容易感受压力而导致抑郁症等。

抑郁症的康复有一个必要条件——通过周围人绝不动摇的爱的支持，让来访者拥有"即使做真实的自己，我仍然是被爱着"的确信感。为此，最理想的状态是家人为其提供宽松的环境，让他们有1年左右的时间来按照自己的步调做自己喜欢的事情，然后用一种"温暖的不关心的姿态"在远处温情地守护他们。可是当夫妻关系不断恶化，要对配偶保持一颗宽容之心，这谈何容易。

前额叶是负责掌管人类思考和判断的重要部位，而抑郁症病人的大脑整体尤其是前额叶的血流量减少，这就意味着思考和判断功能无法正常发挥。如果对这种状态的人进行积极的、激励性质的咨询很可能会起反作用。

抑郁症来访者都是超级乖宝宝，这还会表现在他们会努力迎合咨询师内心潜在的期待。如此希望被爱却无法得到爱，从这种爱情饥渴感发展成抑郁症，但即使如此，他们仍不放弃通过满足别人的期待来得到爱和认可。然后他们会无法原谅不能实现咨询师期待的自己，更加强化他们觉得自己活着毫无价值的想法。因此为了使治疗更加有效，SAT印象疗法治疗抑郁症的理念并不是对本人，而是先对患者的重要他人，如配偶或父母进行咨询。

幸运的是为了配合治好祐介先生的病，他的妻子愿意做最大的努力。她虽然对丈夫很失望，但是仍然有爱有牵挂。当我告诉她"要想摆脱抑郁症，必须改善夫妻关系，这需要你先解决自身的问题"时，她意识到了自己接受咨询的必要性。

• 如果没有我，那个人将一事无成

我们可以用"援助者"（helper）和"被援助者"（helpee）这

两个专业词语来形容祐介先生和他妻子之间关系。妻子是"援助者",丈夫就是"被援助者"。此处的"援助者"所指的并非高龄介护职业中的介护人员,而是指拥有"共依存"或"救世主症候群"心理特性,以及认为"只有被别人需要才是自己被爱、被认可的证明"这种不合理认知倾向的人。这些人看起来好像很自立,但如果没有需要自己的人存在,他们就无法找到自己的生存价值,拥有只能通过接近别人求得生存的"隐蔽的依存心"。事实上,这些人只是一些打着"援助者"旗号的"被援助者"而已。此外,就像我们从字面上可以联想到的一样,有这种症状的人常常渴望从事志愿者、心理咨询师、医生、护士、教师、社会工作者、宗教家等以助人为使命的职业。

生活中不难见到用一副"自己很自立,绝对没问题"口吻絮叨配偶"没有我的话那人什么也干不了"或"他/她一个人根本做不了决定"的妻子或丈夫。虽然每个人都多少充当着援助者的角色,但能够毫不掩饰地说这话的人,应该是具有强烈的援助者情结的人。

祐介先生的妻子正是如此。她表面上像是委身于丈夫受其照顾,实际上却认为"如果没有我的话,他早就完了。是我一直在支持,他才有今天"。正是这种"自负和优越感",让她能够一直忍耐并承受痛苦。每当援助者和被援助者间发生裂痕,就会像这对夫妇这样,很可能诱发被援助者的抑郁症等各种疾病。可我们并不能为此而一味地责备援助者,因为有了"援助者"的存在,共依存的另一方——"被援助者"才能生存下来。如果没有援助者,被援助者可能早已自杀。事实上,祐介先生最初来我这里咨询的时候,他的自杀意念已经非常强烈。

上面提到抑郁症就像是一个人落入恐惧和不安的汪洋大海中将

死的状态，这个时候患病的被援助者更会牢牢抱住援助者不放并发出求救信号。在此，我想提醒大家的是，除援助者以外，其他旁人向被援助者伸出援手是毫无意义的。

通常，抑郁症患者内心"帮帮我，来爱我"的期待会百分之百地朝向他们的援助者，他们不会将期待转向援助者之外的任何人，这是抑郁症患者的特征。对于自己期待的人，他们想要全心全力抱住不松手，这种行为让援助者惊慌害怕且试图竭力挣脱，而留下来的被援助者就会陷入绝望，"死亡"成了他们唯一的出路。所以，SAT印象疗法先对援助者（在本案例中是妻子角色）进行咨询，帮助她能够用坚定的爱来回应来自罹患抑郁症的被援助者的期待。

● 种植在爱中成长的记忆

SAT印象疗法中有一种技法叫做"再养育印象法"。运用这种方法可以让来访者意识到并克服连其自身都很难察觉的"隐藏的依存心"。"再养育"是指重新养育之意，通过在大脑中进行印象联想的方式重新改写过去的人生。究竟从何时开始，一个人产生了这种依存心呢？如果一个人成长在整天需要观察父母脸色、不得不按照周围人的期待行事的环境里，那种"只要我成为周围人希望的乖宝宝，他们就会爱我，如若不然，我可能会被抛弃"的恐惧和不安就会造成凡事由不得自己、只能遵从他人意思的依存心或者是乖宝宝的"生存习惯"。

还有一种推测，那就是这种习惯形成于胎儿期。若是母亲在妊娠期置身于终日看丈夫和亲人的脸色、不得不按照别人期待的那样做一个好妻子、好儿媳的环境中，就会造成子宫内的交感神经处于持续紧张状态,去甲肾上腺素等能够产生紧张情绪反应的化学物质就会大量分泌。这些信息被胎儿的大脑接收,使其在尚且是胎儿的时候就被动地从母亲那里继承了这种依存式生存习惯。在本书的第二章会介绍胎内究竟发生了什么,我们几乎可以推测,如果母亲是这样的话,那么母亲的双亲乃至双亲的双亲很可能也同样持续着这种听命于他人的依存型和自我抑制型的生活方式。

"再养育印象法"通过借助联想塑造全新的印象的力量来改写"如果我不乖乖听话,就没人爱我,我就会被抛弃"这种充满恐惧和不安的世代传递的生存环境印象。自我、双亲乃至双亲的双亲,大家都无须依存别人或自我抑制,也就是说,完全可以重建一个"父母无条件地支持和接纳真实的我,我在这样的环境中过着自己喜欢且满意的生活"的生存环境印象。人类以"印象"的形式认知过去的事物。对于个体而言,过去的经历的确是很难改变的事实,但"印象"是可以改变的。我们的双亲乃至前世代人曾经历的事件也是一样。从前世代人那里继承下来的信息,以印象的形式被我们大脑记忆,只是我们想当然地认为那些是不可改变的事实而已。

印象(image)的实质是脑内神经元网络的运作模式。无论过去的事情是否真实地发生过,个体认定是事实的印象(既有的脑内神经元网络的活动)是完全有可能变换成另一种全新的印象的(全新的脑内神经元网络的活动)。也许大家很难相信,事实却是连那些有过被父母虐待、未曾得到关爱等悲惨体验的人,也可以通过接受"再养育印象法"穿越世代改变那些残酷的成长印象。如果父母已经去世,印象变更就相对更为容易。

印象变更时,我们采用"改写对白"的方法,不仅在头脑中描绘新的印象,而且要让其本人用自己的语言重新改写对白甚至可以写成文章。通过将印象变成语言这一过程，促使其左前额叶部位的血流量和氧气量增加。也就是说左前额叶越是功能活跃，牢牢地捕捉到这个印象，越能使新构成的神经网络（新印象）变得更为深刻而固定（见图1-4）。

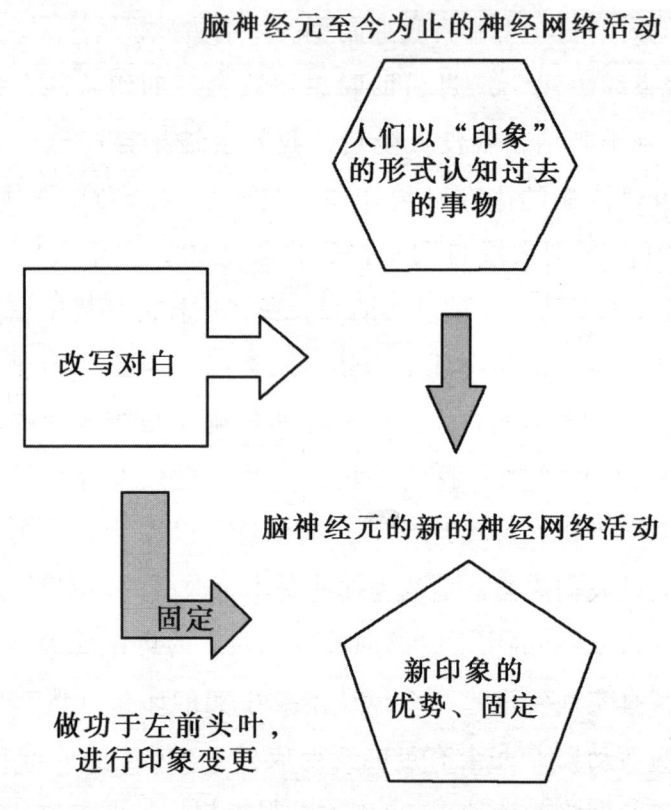

图1-4　通过再养育印象法改变既有印象

大脑里的所有呈现并不是现实，因为大脑本身就靠虚拟现实模拟系统在运作。正因为如此，尽管过去发生的事实无法改变，对那个事实的意义和印象却完全可以改变。再养育印象法甚至可以将脑中的印象重塑为：成长在充满关爱的家庭中，拥有现实中不可能存在的理想父母印象。并且,这种通过自己的语言或文字重塑后的理想印象,可以让现在的自己挣脱过去的枷锁,成为迈向新生活的动力。

比起既成事实本身,对事实的感受、认知所形成的印象,在更大程度上决定着人们的行为。不论事实是否变化,只要人们对事实认知的印象改变了,与之相应的行为也会变化。

祐介的妻子也成长在一种"有条件的爱"的家庭中,认为只要自己当一个乖孩子,就能得到父母的爱。通过再养育印象法,改变她的印象,"父母认可真实的自己,给予自己关爱,当遇到困难时总是守护着自己",并重新塑造了祖父母乃至几代以前的祖先们分别都成长在充满关爱的环境中的新印象。结果是令人欣喜的:她对自己充满了自信,依存心与自我压抑的症状减轻,对丈夫的愤怒也消失了。妻子的变化让祐介的病情出现了戏剧性的改善。夫妇二人都找到了新婚时"和这个人结婚是我最正确的选择"的想法。可以说这种变化的出现要归功于他们领悟到了彼此是"命中注定的相遇",这将在下一章进行介绍。

● 一个失去孩子的妻子的悲伤

下面再介绍一对战胜抑郁症的夫妇。阿倍尚人(61岁)是为日本的经济快速成长期作出贡献的一位企业战士。尽管已升任公司董事,但由于患上抑郁症,他还是不得不辞去工作。企业战士们事业上的成功往往是以牺牲家庭为代价的,尚人便是如此。

尚人的妻子成长在一个以做好贤内助为美德的年代,在怀第一胎时,她因为照顾病中的婆婆,甚至劳累到尿血的程度。然而,尽管生活里有诸多不易,她还是默默忍受,全力守护着这个家。持续超出自己界限的生活使她的第二胎流产了。从那时起,她在内心深处便开始积攒对丈夫愤怒与怨恨,恨他在自己痛苦无助的时候是那样地漠不关心。

尚人的妻子并不了解抑郁症,但她直觉到患病的丈夫此时最需要的是"爱",而能够向丈夫抛出这个爱之救生索的人只有她自己。可问题就在于,纵使她心中明白,却无法付诸行动去爱丈夫,因为她无法原谅丈夫一直以来对自己所做的一切。

这对夫妇的关系跟之前的祐介夫妇一样,也是属于援助者与被援助者的关系。尚人的妻子与祐介的妻子一样,扮演着援助者的角色,通过接受再养育印象法的咨询,她改变了脑中的既定印象。

据她说,父亲曾是职业军人,时常对母亲施暴,而母亲则默默忍受着这一切。于是,我追溯到她的父母、祖父母、曾祖父母的世代,改变了他们的生育印象。接着顺年代往后,她改写对白,重新建构了新的印象:父母成长在宽容、和睦的祖父母家庭里,并且母亲在痛苦的时候会明确地表达自己的感受,父亲稳重、慈祥,不会对母亲施暴,自己在父母的关爱下成长。

需要注意的是,对于尚人妻子的心理咨询并不能到此结束。她的第二胎流产了,对于没能顺利产下的孩子,她心中至今仍残留着一种负罪感。这成为一种潜在的恐惧,占据着她的内心。或许有读者要问,她并非主动堕胎,为什么还会产生负罪感和恐惧心理呢?请去看一看3~4个月大的胎儿照片,你就能明白了。那时的胎儿已初具人形。母亲通过自己的身体完全能感受到胎儿的存在,因此她才会产生是自己"杀了孩子"的负罪感和恐惧心理。

为了改变这种过去的印象认知,我使用了SAT印象疗法的"亡故孩子诞生·成长印象法"(见表1-2)。

在日本,人们有在亡人的遗像或牌位前供奉饭食的习惯,我们可以理解为这是一种为舒缓悼念者因悲伤情绪带来的压力的行为。这种方式并非要人们脑中浮现出亡者的遗骸,而是通过想象他们还活着,大家一起吃着美味的食物,彼此谈心的场景来宽慰自己的心。

在对尚人妻子的治疗中,我让她用自己的语言重新描述一个孩子健康成长的新印象:给流产的孩子取名字,让他正常出世,健康成长,顺利地上了幼儿园、小学、中学……直到到了他应该有的年纪为止。对于亡故孩子来说原本无法实现的愿望和期待在大脑的印象中得以实现,给这位母亲的内心带来莫大的安慰,她泪流满面,呜咽不止。

表1-2 亡故孩子诞生·成长印象法

看看孩子的性别(闪现在头脑中的性别)
给孩子取名字(闪现在头脑中的名字)
想象这个孩子在自己的子宫里,你抚摸着肚子,让他/她长大,正常出世
你抱着他/她(如有必要给他唱儿歌,讲故事)
看看他/她幼儿园时期的样子(会成为什么样的孩子?状态如何?)
小学开学的第一天(妈妈穿着怎样的衣服?你们牵着手吗?孩子是什么样的?)
家长会(什么样子?)
运动会(什么样子?你给孩子准备了什么午饭?)
他/她高中后是学习文科、理科,还是搞体育或者艺术?
高中或大学毕业后,他/她选择了怎样的职业?
他/她有结婚吗?有自己的孩子吗?
最近你们通信或电话的内容是什么?
你现在感觉怎么样?(结束后的反馈)

• 夫妇重修旧好的机会

咨询结束后,尚人妻子带着一脸轻松的表情说:"我丈夫不像是脾气暴躁的父亲,他其实是很稳重、很体贴的人,所以我当初才会和他结婚。但后来我却被怨恨冲昏了头……我没有选错人,我要把这些感受告诉丈夫,要去感谢他。以后我不会再苛责他了。"

像她这样,如果对过去有着否定、消极的记忆印象,即使是对自己带着确信所选择的配偶,也容易受到自身否定性情感的影响,从而看不清配偶的本来面貌。这是因为人们在认识现实的时候,对于信息不足的部分倾向于用自己过去的记忆脚本进行填补后再来解释。这就是大脑处理信息的方法。好像是你在清楚地看着对方,实际上是在用自己过去的经历,甚至是你与父母间的经历体验来填补后作出的解释。因此,即便是常年生活在一起,一直误解对方的可能性也很大。

在尚人妻子的例子中,她将自己和婆婆的关系、自己亲生父母的夫妻关系的记忆叠加起来后对自己和丈夫的关系进行认知。她的潜意识中应该知道去埋怨丈夫也改变不了什么,因此就算自己操劳到尿血,甚至流产,她也都默默忍耐地撑了下来。她是第一次意识到这一点。

虽然没有对丈夫尚人直接进行SAT印象疗法,但从妻子的来信中得知,他潜心于自己感兴趣的水彩画之中,心无旁骛地享受作画的乐趣,抑郁症的病情也随之好转。

抑郁症虽然是一种如果应对不得当,就会将病人逼入绝境、甚至一死了之的病症。但就像这两对夫妇的例子一样,有时候为了重新挽回夫妇之爱,当事人会不自觉地主动走向抑郁。为了挽回已经疏远了的对方的心,即便是牺牲性命也在所不惜,生病就是其中的方式之一。

当丈夫或妻子患上抑郁症后,配偶往往会比其本人更加绝望吧。为了消除长年的积怨,或许也会有想要放手不管的时候吧。如果发生了这种情况,就请你换个角度,这样告诉自己:这或许就是上天赐予我们夫妻"重修旧好的机会"吧。

第二章 妻子的期待、丈夫的期待

● 命中注定的相遇

当从科学层面对人类"心"与"身"之间的运作机制进行研究时，我常常会感慨人类这一物种的神奇。15 年来，我每个月都会举办 SAT 印象疗法咨询师的培训工作坊。发生在工作坊里的"命中注定的相遇"，就是这种神奇现象之一。

每期培训班约有 30 名学员，各种年龄、各种职业的人在这里汇集，有护士、药剂师、教师、公司职员、营养师、医生、心理咨询师，甚至还有家庭主妇、商人和僧侣。神奇就发生在每期培训第二天的角色扮演实践演习的环节，学员们两人一组，分别扮演咨询师和来访者，实际模拟咨询场景。一般是让学员自由选择搭档组合，而我总会在事前这样对他们说："请大家根据自己的好恶来选择搭档。有人邀请自己时，如果直觉有些不对劲儿，就请果断地拒绝。因为选错了搭档，你们的演习可得吃苦头了。"

角色扮演就是为了让学员去直面自己内心深处隐藏的问题，所以如果选错了搭档，整个过程就真的只有痛苦可言。大家在听了我的话后，都开始带着一副认真的表情寻找搭档。当找到搭档坐定之后，我首先发现了一个不可思议的现象，那就是结成了一组的两个人所散发出的感觉、表情甚至境遇都是极为相似的。而随着学习的深入，我发现了更加令人不可思议的事。

搭档的两个人虽都是靠直觉选定了对方，但随着培训的进行逐渐发现，产钳分娩的人选择的竟然也是产钳分娩或是吸引器分娩的人；有兄弟姐妹流产的人，选择的竟然也是有兄弟姐妹在流产中去世或夭折的人。尽管偶有偏差，但作为了解心灵创伤的一个重要指标，他们过去的经历有着如此惊人的相似度，并且每次培训时这种情况都屡屡发生，让我越来越相信"命中注定的相遇"是存在的。

在怀孕或分娩中出现难产、臀位、吸引器·产钳分娩、脐带绕颈等现象时，母体子宫内就会分泌大量的紧张系列激素 ACTH（促肾上腺皮质激素）。通常在分娩、哺乳时，母体会分泌催产素，这种激素可以将胎儿在子宫中以及分娩时的大部分记忆消除，然而 ACTH 却是一种强化记忆的荷尔蒙。如果是通过能产生大量 ACTH 的分娩方式产下的孩子，即使在日后也会强烈且持续地残留着分娩时体验到的生命危机的感觉记忆。尽管本人根本不会记起分娩时发生的事，但这已经作为潜在记忆储存在了杏仁核之中。

在培训的演习中，通过产钳分娩的人选择了同样是产钳分娩或吸引器分娩的人作为搭档，这或许是因为他们嗅到了彼此潜在记忆的味道，知道"如果是这个人的话能够理解我的痛苦，感到安心"的缘故吧。

在人类后头部下方的大脑皮质视觉区域内的一组细胞，被称为"面部细胞"，那里的神经元专门捕获来自面部表情的信息。如果这一细胞群在交通事故中受损的话，患者甚至会认不出眼前的人是否是自己的配偶。杏仁核会在瞬间对面部细胞收集的信息完成喜欢、厌恶、安全、危险等判断。在本人尚未觉察之前，杏仁核已经准确地识别出谁是能理解自己的人、谁是自己喜欢的人。

在选择结婚对象时，我们同样选择的是能使自己产生"喜欢这个人""有这个人在我就安心"这种感觉的人。有着相似遭遇或心伤体验的人，在聊天时常会产生心灵相通的感觉："是的，我懂，我懂！""你这么一说，确实是这么回事，有的，有的！"他们分享着唯有彼此才懂的体验，深入交流与沟通，最终他们会觉得"眼前这个人才是真正能理解我的人"。

● 所谓夫妻，一定是相似的吗？

夫妻并非一定是相似类型的人（同质性），也有为了互相成长，而选择了互补型、冲突型的伴侣（异质性）。例如，妻子是慢性子而丈夫是急性子，妻子好操心偏偏丈夫又爱冒险，这样的两个人，虽性格气质迥异但互相吸引，最终结成了夫妻，而且很多长久保持和睦的夫妻，都属于互补型、冲突型的气质组合。

这里所说的气质，是指不随个人意志改变的、由DNA决定的与生俱来的特质，包括循环气质、粘着气质、自闭气质、执着气质、不安气质（损害回避）和新奇气质。其中循环气质、粘着气质和自闭气质是由克雷奇默提出的代表性气质；执着气质则是由精神科医生下田光造提出，普遍存在于抑郁症患者之中。

表2-1列举了各种气质的特征，请你思考一下，自己或伴侣属于哪种气质。有的人或许会符合2~3种气质，不确定自己属于哪种气质的人就是拥有多重气质。

事实上，对气质的深入理解可以说是稳定、深化夫妻关系的重

第二章　妻子的期待、丈夫的期待

表2-1　气质特征（大部分人是多重气质）

	循环气质	粘着气质	自闭气质	执着气质	新奇气质	不安气质
特征	心情会周期性变化，因此被别人认可的心情过于强烈，所以时常出现大事化小，操纵信息的情形。为了保持情绪安定，需要亲密的人际关系，但内心深处非常害怕孤独。	同时具有稳定性和爆发性两种相反的特性，单纯明快，一本正经，不善通融，具有坚韧、顽强的思考特征。为了保持在上下级关系中正确安定的位置，得到认可，非常重视人情礼节，能保持正常的上下级关系。	容易体察别人的心情并受其影响，而容易陷入以他人为中心的境地，因此他们总是与人保持着一定距离，表现出关闭自我世界中的我行我素作风。耐得住孤独，感情细腻，不欺骗别人，也不追从别人。没有太大想要看到的心情，有些桀骜不驯，不愿意表达自己的意见，应过着以自己的兴趣为主导的人生。	具有认真、专注，彻底，义务感，责任感强，追求完美的倾向。想得到认可的心情特别强烈，无论是对自己还是对他人都要求做到100%以上，因此常常使自己和他人身心俱疲，苦不堪言。渴望得到那种对自己和对爱的确信念。 不要急，放慢人生的脚步。	渴望追求新的体验和刺激的欲求特别强烈。	拥有强烈的不安焦虑感，容易感到担心和担心，胆小谨慎，对自己的想法深信不疑，常常胡思乱想，甚至妄想。
交往建议	与该气质的人交往并不必听其任性，要去宽容其任性，适当地宽容其任性，天真，必要时还要坚定，明确表明自己的态度。	粘着气质的人具有认人为自己不必说，你就应该知道的倾向，与其交往去主动注意他们确认他们的想法。	与自闭气质的人交往，交谈时在言语的选择上要慎重。此外要提醒他们，如果不说出自己的想法，就不会为人所理解。不管怎样，先说出来。	要提醒他们，不要着急，告诉自己"算了，做到30%就OK了"吧。无论是对自己还是他人都不必要求百分之百。	倾听其想法非常重要，但是不能轻易地附和其观点，提出一些现实的意见和建议。	与之交往时要时刻谨记，此类型人的恐怖感要远远超出常人所能够想象的程度。

要因素。夫妻之间总是相互期待的，比如不希望对方撒谎，希望对方在社会竞争中勇敢地奋斗等。这种期待如果得到了呼应，双方就能保持良好的关系，否则就会陷入危机。如果对方是自闭气质的人，你可以期待对方不对自己撒谎，但期待对方在竞争中英勇胜出就十分勉强了。如果能分辨哪些事可以向伴侣期待、哪些事不能向伴侣期待，就能建立起一个更加和睦的关系。不加分辨地期待一些强人所难的事，就会让夫妻关系恶化。

气质不同源于基因特征不同，这就像不同人种之间的区别一样，不是用常识就可以简单理解的内容。既然如此，为什么气质相异的人却更适合搭档呢？因为这样的人在一起能形成优势互补、互相学习的关系。两个性格气质迥异的人，很容易产生矛盾，出现对峙的局面，但在他们面对问题时，往往也会迸发出一些彼此意想不到的方法，从而取长补短。

只是气质的差异毕竟是由基因决定的，因此不要妄图改变对方的气质所表现出来的特点。正确的做法是去理解对方内心的倾向，并作出与之相应的期待。如果两个人都沉默不语，就没有办法了解彼此，因此交流是不可或缺的。在彻底的交流中，双方可以发现彼此在哪些方面不同、如何不同，逐渐地就会认清自己的弱点，也会发现自己看问题的局限性，对方同样也会意识到这些，从而促进两个人的互相成长。

当然也有相同气质的组合夫妇。拥有相同的境遇或创伤体验，会使双方达成默契，轻松相处，体会到那种"不用说也知道"的乐趣。但由于受到"她/他应该知道"这种观念的影响，他们也容易对另一半产生过度的期待。倦怠期过早来临的也会出现在这种相同气质的组合里。此外，虽然两个人的气质没有太多冲突，相应地促进彼此成长的机会也就少,这种搭配间的凝聚力会表现出脆弱的一面。

大家都知道,杂交基因要比纯种基因具有更强的环境适应能力。气质也是一样,要组建团队时,异质性搭档能更好地应对逆境与困难。但还是要强调一点,必须深刻了解对方的气质,明确可以向对方期待的范畴,只向对方期待那些可以期待的事。

大家或许觉得自己是最了解自己的人,但其实这种了解往往是片面的认识。因为只有在跟异质性的人进行比较后,人们才能认清真正的自己。一个人如果不接受与自己不同的感受方式和思考方式,就永远无法认识到自己的局限性,也就无法超越局限、激发自身潜藏的能力。而对于不同气质的人,虽然会因无法简单地了解对方而产生冲突、经历痛苦,但这正是拓展自己的可能性,实现自我成长的良机。如果能认识到这一点,看待对方的眼光或许就会不同了。从这个意义上说,在选择相伴一生、风雨与共的人生伴侣时,还是那种自己不能一眼望到底的人更加合适。

• 关于人生的"独特脚本说"

气质相同的人也好,互相补充、有矛盾的人也罢,在每个人心中都有一个原创的只属于其自己的人生脚本。人们就是按照这个脚本来选择人生伴侣的。

在对抑郁症、焦虑症、进食障碍、药物依赖、糖尿病、癌症和自身免疫病等来访者进行咨询治疗时,需要挖掘来访者产生病症的压力根源。这一过程中,我总结出了一种理论,并独创性地命名为"人生的独特脚本说"。

前面提到过，怀孕时胎内大量分泌的肾上腺素被胎儿的大脑所记忆，当一个乖孩子的生存倾向会使人产生较强的对人依存心和自我抑制心理，并且这种生存方式会在世代间传递。甚至可以假设，父母曾经经历过的事件甚至不知姓名的前世祖先的创伤记忆（诸如没有得到关爱及生命危机等记忆）都会以大脑为媒介在世代间传递。所谓"人生的独特脚本说"，就是指人们不自觉地想要消除懊憾记忆的欲求促成了每个人特有的生存方式和人生轨迹。运用"人生的独特脚本说"来分析一些用常规途径无法解释的压力症状，我们就能够明白原因所在，通过对症咨询治疗，来访者的症状会出现戏剧性的改善。

内心深处有过创伤体验的人，会自发地追求一种能够消除当时曾感受到的恐惧和不安的体验，心理学上称之为"矫正性情感体验"。但想要矫正的情感可能不是本人亲身的感受。首先我们都有从前世代那里继承下来的矫正性情感体验脚本，在此基础上人们会加入属于自己的脚本。我们就是这样走过一生，或者说被迫以这种方式走过一生。然而与此同时，人们内心也渴望过着属于自己的自由人生之旅（我称之为"成长脚本"），因此会不停地试图挣脱这种被独特脚本定义了的人生。

举一个简单的例子。假设父母因为没有学历而感到非常懊悔，继承了父母这种感受的孩子，会为了矫正这种懊悔的感受而去追求高学历。但如果这一行为抑制了孩子自己的真实欲求时（如想多玩一会儿、活得更自由一些等），就会产生巨大的压力。于是，他就会挣扎、渴望走出属于自己的人生道路。

在寻找结婚对象时，人们首先也是依照独特脚本在选择，然而现实生活不可能完全按照契合脚本的内容上演。虽然人们意识不到，但婚姻常常是实现从独特脚本向成长脚本切换的契机。当你感觉被配偶背叛，或是选错了对象的时候，其实就是你的独特脚本与成长脚本的差距在逐渐拉大。

再次以前面介绍过的抑郁症患者佐藤祐介为例，他的母亲在幼年时由于母亲早逝、父亲与继母整日吵架，她必须每天压抑着自己，看着大人的脸色过活。祐介也是一样。在他幼年时，母亲就早早地离开了他，他不知母亲的宠爱为何物，在严苛的父亲身边压抑着自己在成长。由此，他产生了自己的"独特脚本"：必须要避免和配偶的冲突或是生离死别，他想消除从母亲那里继承的遗憾情感。在这种意念的指引下，他在确认了"和这个人结婚的话肯定没问题"后才选择结婚。然而现实生活却没能像独特脚本一样发展，妻子甚至对他说："我真是选错了人。"

人们为了消除前世代的遗憾记忆而渴望矫正性情感体验（由独特脚本支配的人生），与此同时，人们也渴望活出真实的自我（由成长脚本决定的人生），其间的矛盾与纠葛就是问题产生的根源。例如，独特脚本会成为产生"援助者""救世主""自我牺牲""乖宝宝""强迫自立""第一志向"等这些症候群的要因。而与之对抗的成长脚本也同样，隐藏在心中要活出真实自我的欲望越强烈越，越会催生出"严重失败，生活挫败，慢性疾病，重症，依赖酒精、药物，违法犯罪，失业，破产倒闭，闭门不出，乱伦，流产，离婚"等促使独特脚本崩溃的问题。佐藤祐介就是为了追求前世代的矫正性情感体验而在抑制自己真实的欲求和情感，不能够和伴侣自由地倾诉，一直默默忍耐积累压力，最终患上了抑郁症。想要自由生活的愿望越是强烈，越容易面临爆发性压力来临的状况。正是这种矛盾导致了类似如此的难题产生。

忠实地沿着独特脚本的生活虽然辛苦，然而要转换到成长脚本的生活方式也伴随着巨大的挑战，于是有人宁愿维持现状，拒绝改变。但只有直面并战胜这种挑战才可以将前世代残留的遗憾记忆斩草除根，才可以活出最真实的自我。我认为完成这一步跨越，人们才不枉此生。人类在冥冥中追求活着的意义，因此才会"惹出"许多痛苦与失败。而SAT印象疗法就是帮助人们解决这些追求活出真实自我的过程中所产生的各种问题的疗法。衷心地希望大家都能体验到在克服了问题后所收获到的、任何事物都无法取代的幸福感。

祐介夫妇现在已经能自由抒发意见而不起争执了，他们重拾了新婚伊始的心境："选择这个人是正确的，能遇到这个人是自己的福气。"能达成这个结果，实际上是由于夫妻双方都在追寻着命运之爱。所谓伴侣，既有互相吸引的同质性，又有相互补充的异质性，在矛盾冲突的同时也在互相补充、成长。只有当夫妻双方明确了这一点，才能重新意识到自己的婚姻原来是命中注定的邂逅。

● 被巧妙策划的命运

每个人的命运都会呼唤自己的另一半，一个或许互相矛盾但又能互相补充的人。人们为什么能互相了解？在交谈中逐渐了解对方当然是途径之一，然而有时候，人与人的邂逅在更大程度上取决于右脑活动产生的直觉。我认为大脑直觉正是借由捕捉对方的表情、声音、动作所释放出信号来了解对方的。

这一结论并非我的一时兴起，而是源自长年的咨询经历。来访者心中的问题通常都会表现在面部表情、声音和动作之中，只需观察来访者的表情、声音和动作，大体上就可以对其进行判断，例如是否生于难产等异常状况，或是有经常性的堕胎等。

打个比方，一位来访者尽管可能相貌出众，但因为"心"病了，她的面部表情肌会变得十分紧张，甚至会出现像类似能剧脸谱的表情。尤其是有过重大心理创伤的来访者，眼神、目光都不寻常，你能从目光中感受到他们内心的恐惧感，或者咨询时会一直用一种不信任的眼神盯着我看。

与此类似，所有的问题都会表现在面部表情、声音和动作之中。人们就是通过观察这些信号，作出"这个人是安全的"或者"那个人很危险"的判断。不过，对安危的判断标准又因人而异。从心理咨询师的角度来看，有些像抱着随时能够引发重大疾病的火种一样的显而易见的危险人物，在某些人来看却是"正因如此才感到安心"。前文提到过，在咨询师培训班中，经产钳分娩的人往往会选择同样经产钳或吸引器分娩的人作为实习搭档，或许就是因为他们都了解难产时的生命危机所带来的恐惧体验吧。而对于没经历过相同体会的人，大脑直觉就告诉他们"这个人不会明白自己内心的痛苦"。

我们在选择结婚伴侣时应该也是基于这样的判断标准——选择一个与自己有着类似问题的，且有着能互相补充、促进彼此成长的气质的人。换言之，就是选一个能与自己携手解决自身问题的人。即便最终离婚了，也不用怀疑，这是一段为了让彼此成长的命运的邂逅。

有人会选择与父母相似的人结婚，也有人会选择与父母完全相反的人结婚。后者往往与父母的关系不好，特别是成长过程没有得到父母关爱，或是忍受着父母的暴力的人，会故意选择一个与父母完全相反的人结婚，以期待实现人生的逆转。但无论作出哪种选择，大多是殊途同归，命运的邂逅就是如此奇妙。

有一位20多岁的女孩，由于十分厌恶酗酒、暴力的父亲，而爱上了一个忠厚老实、滴酒不沾的男士，并且以近乎私奔的方式结了婚。但她的丈夫终究还是开始酗酒，并借着酒劲对她暴力相向。

这个女孩从10多岁开始就受着摄食障碍的困扰，不断地大量进食后又吐掉。如果说她父亲依赖的是酒精，那她本人依赖的则是进食这一行为。她选择的丈夫忠厚老实，本是一个乖宝宝性格的人。"忠厚老实"很多情况下等于"不表达自己意见的乖宝宝"。但在婚后，来自家庭和单位不断增加的责任感让他倍感压力，于是喝酒开始成了他发泄的出口。他们三人各自依赖的内容虽不尽相同，但却可以算是同类——抱有的问题种类和根深蒂固的程度都是一样的。

尽管这样，我们也不能说她的这场婚姻是失败的。正由于丈夫身上有着与父亲、与自己相同的问题，所以他们可以一起来面对。当她意识到"哎呀，这个人不也跟老爸一个德行嘛"，人生的剧情就开始逆转了。可惜的是大多数人在这个时候就放弃了，对丈夫彻底绝望，甚至可以带着孩子又回到曾经厌恶至极的双亲身边，接着孩子又成了不愿上学、闭门不出的问题儿童，这样的悲剧实在太多。不愿上学、闭门不出的孩子其实是在用自己傻气却执着的行为来促使父母恩爱和睦，促使父母能够给自己牢不可破的关爱。

• 容易遇见"命中人"的时代

当今社会可谓是男女之间更容易系上命运红线的时代。直到第二次世界大战前，家长制下的日本社会还是由父母包办婚姻，身为子女几乎没有任何插嘴的余地。无论男女都默认着这种包办婚姻的存在，也因此

第二章 妻子的期待、丈夫的期待

从一开始便不对婚姻有过多的期待，这反而使得对配偶的不满减少，婚姻生活倒也顺畅。虽然直到今天，在一些代代相传的名门大户中仍残留着这样方式的婚姻，但与过去还是稍有不同，年轻人或多或少拥有了一定的选择权。本人觉得"若是这个人的话可以接受"，这样的想法也会被父母考虑，因此他们的婚姻可以算作是命运的邂逅吧。

而现代社会的大多数人，无论是通过相亲或是上司、朋友介绍等方式邂逅另一半，尽管方式各异，但可以说都是经过了恋爱这一程序后步入结婚的。套用老的说法，"自由恋爱"某种意义上就是"命运的邂逅"。用我的理论表述，即根据"DNA气质"及"大脑杏仁核的记忆"，遵循其本人的命运（独特脚本和成长脚本）而产生的邂逅。

因此，夫妻双方会不自觉地用一生的命运做赌注去期待对方，这种期待太大、太强烈，也就更容易产生不满和不安，从而引起纠葛，曾经那般深爱过的夫妻也会陷入互相憎恨的境地。现代社会中，无数夫妻之间一次又一次上演着这样的剧情，我们也可以说这是自由恋爱时代产生的意想不到的副产品。问题是时代已经发生巨大改变，而关于新时代的新型夫妇关系的哲学与科学却至今仍是空白。我认为，正是这种空白给日本的夫妻及其家庭成员带去了不幸。

很多现在的孩子亲眼目睹了婚姻的幻灭：原本是互相深爱对方而结婚的父母，发展到后来却沦为为了保全面子而维系的貌合神离的夫妻。"我一定不要父母那样婚姻""与其结婚成为那样的夫妻，还不如一个人过日子"，当今社会很多孩子都持有这样的想法吧。

我认为，造成年轻人的未婚、不婚现象以及少子化问题，除了育儿机构的不健全外，现代夫妇之间爱的缺失亦是一个很大的原因。正因为是在恋爱自由的时代，人们反而更需要掌握一定的智慧与技巧，才能与自己按照内心意愿所选择的配偶共同构筑起充满爱的家庭。

● 三种爱的欲求

当人们试图做点什么，这个行为的出发点一定是想要满足某种"未满足的欲求"。就像"喝水"行为的出发点是"水分不足"（想滋润干渴喉咙的欲求）。"未满足的欲求"不仅会通过行为表现出来，也是感情产生的根源所在，如悲伤、不安、愤怒等心理活动。因为人们有某些未被满足的欲求，为了使其得到满足而采取行动，如果成功就会感到满足，如若失败则会感到不安和恐惧，然后为了能够使欲求得到满足而再次产生新的行动。

未满足的欲求如果得到满足，人们的行动理应告一段落。但对于内心和灵魂来说，可不像喉咙干渴那样仅靠一些简单的行为就能够得到真正满足的。希腊神话中有一位人物叫西西弗斯（Sisyphus），他总是不断地将一块大石头推上山顶，然后又从手中滑脱滚落，再重新推上去，再滚落。人的一生就像他一样，始终重复着"欲求（不足）→为了满足欲求的行动→欲求（不足）→为了满足欲求的行动"这样一个无尽循环。这也许就是"生活"本身吧。

当付诸行动的努力得到回报，欲求和满足达到恰当的平衡，人们就会体会到行动的快乐，感受到活着的喜悦和幸福，因而能促进身心的健康。可是，试想一下如果无论做什么，无论怎样努力都不能满足欲求，所作所为都只是白费力气呢？或许短时间还可以勉强接受，但长期处于这种状态，身心就会发出悲鸣。有的人因此而身体每况愈下，有些人则因此深深陷入自己"一事无成"或"一无是处"的绝望和无力感之中。

对于食欲、性欲和困倦等生理性欲求，人们比较明确采取怎样的行动可以使其得到满足,但更多的需求并不是如此简单明了。心理学家莫雷(H. A. Murray)提出过包括成就、获得、保存、承认、支配、防卫、显示、整顿、构成、优越、保身、回避劣等感等多达 28 种的"心理社会性的需求",因此即使有时行动了,需求常常也不能得到满足。

为满足心理社会性的需求而产生的行动常常是白费力气,其中一个重要原因就是大多数人并不清楚自己的行为到底出于怎样的需求。他们只是隐约觉得自己缺了点什么,尽管有着明显的渴望感,本人却不知道自己到底渴望什么,因此在很多情况下是人们的行动并不能真正地使自己的需求得到满足。

不过,即使觉察到了自己的需求,也不代表就可以轻易摆脱西西弗斯的不断重复、白费力气的状态。因为在产生心理社会性的需求背后,还隐藏着人类更为本质的欲求,如果不以这些本质性的欲求作为行动指南的话,人们是无法体会到真正的满足感与成就感的。我称此为"心的本质欲求",可分为如下三种:

(1)被爱欲求(渴望被爱)——希望他人能满足自己的要求的欲求;

(2)自我信赖欲求(渴望爱自己)——希望自己能满足自己的要求的欲求;

(3)爱他欲求(渴望爱他人)——希望自己能满足他人的要求的欲求。

可以说,莫雷提出的 28 种需求都派生于这三种爱的欲求。例如,拼尽全力完成任务的原动力"成就需求",其背后就隐藏着"渴望被爱(渴望被认可)"的欲求。同样"支配欲"的背后也隐藏着"渴望被爱"的欲求。

人们为了满足需求而行动，但当行动得不到回报时就会被不安、愤怒、自我否定、绝望等情感所吞噬。如果用上面提到的三种爱的欲求来理解，如果你知道是其中的某种欲求未被满足，就不会困惑为什么会有这些情感体验了。若没有意识到这三种爱的欲求的存在，内心的渴望感是不会消失的，但遗憾的是绝大多数人并不知道自己的心中隐藏着这样的欲求。因此在挣扎中行动，而后再挣扎，再行动，在这样不断重复的循环中，有时甚至会觉得自己失去了活着（去行动）的意义。

• 当出现对爱的渴望感时

下面我们来详细介绍三种爱的欲求。

第一种是"被爱欲求"，指通过获得他人肯定的评价来认可自己，是一种"渴望被他人认可，渴望被爱"的需求。人从出生到10岁左右的阶段，如果能充分地被父母及周围的人认可，被他们疼爱，这种需求就能得到充分满足，也就不会在长大成人后还出现对爱的强烈渴求感。但如果童年时父母一直吵架或一方过早离世，到成年后，这些回忆印象（过去的记忆印象）会让其被心中不断产生"爱我吧，认可我吧！"的冲动所支配。

第二种是"自我信赖欲求"，指不管别人评价如何，都希望自己能够相信自己、认可自己的需求。当人在第一种被爱欲求得到适当满足的环境中成长，渴望拥有自信的需求就会增强。这会让一个人变得相信自己，能按照自己的想法去行动，体会到行动并达成目标后的喜悦，从而加深了自我信赖感。

令人遗憾的是，孩子们试图满足自我信赖欲求行为往往会被父母的"不准这样做……""必须那样做……"等禁止、指示、命令性话语所阻挠。回忆一下自己的童年，或是自己抚养孩子的经历就很清楚这一点了。现实生活中很难形成能够使自我信赖欲求得到充分满足的成长环境。孩子无论做什么，都要在父母以保护为名的监管之下进行。父母或是禁止自己做喜欢的事，或强制要求自己做不喜欢的事，孩子的自我信赖需求还没能得到完全满足就已经长大了。在这样环境中长大的人，会为他人的评价所左右，一喜一忧，患得患失。那些无法以"不管别人怎么说，我是我"这种想法面对生活的人，多是因为在童年时没有过因为相信自己而去行动的经历体验。

第三种是"爱他欲求"，是在对自己充满信心后才会产生并增强的需求，这是指不在意他人的评价以及自己的损益得失，而是发自内心地想去认可他人、爱他人的需求，这种"爱他欲求"只有在自我信赖需求得到一定程度满足后才会产生。如果没有自信，光是获取他人认可就已十分困难的人，是不可能有余暇去顾及他人的心情和想法的。

然而，"渴望爱他人"与"渴望被爱"的两种欲求很容易混淆，有时连当事人自己都会搞不清。例如，有那么一些人，特别喜欢照顾别人；或者把自己善意的同情强加给别人，来获得自我满足。当事人或许觉得这是为了别人而奉献自己，然而当局者迷旁观者清，他们只不过是在满足自己"渴望被他人认可，渴望被爱"的需求而已，大家身边一定也有这样的人吧。

他们的行为乍一看是出于爱他欲求，然而大部分人实际上都是由"渴望被认可，渴望被爱"的欲求所驱使。他们通过各种行为证明"我的存在对他人而言是必要的""我是有用之人"，以此来满足自己"渴望被他人认可，渴望被爱"的被爱欲求。在前面介绍抑郁症病例时提到的援助者（helper）正是属于这种情况。

这三种爱的欲求缺一不可。无论哪一种过强或过弱，都会对心灵平衡造成影响。人们在身体成长的同时也要让心灵成长。而所谓"心灵成长"，就是指将心中那些矛盾的感情（例如尽管自己想活得更自由一些，却忍不住迎合周围人的视线）加以整理，减少这些矛盾情感，充满自信地活出最真实的自己。心灵成长中必不可缺的，正是"三种爱的欲求"的平衡关系。

● 在胎内期到底发生过什么？

心的本质欲求——三种爱的欲求，一般形成于需要父母庇护的幼儿期至青春期。然而也有许多例外。有些人成长在父母无微不至的关爱中，成长环境毫无问题，却在成年后出现了抑郁症、摄食障碍、自残或闭门不出等严重的心理疾病。究其原因，几乎没有例外，都可追溯至更早的婴儿期或胎儿期所产生的心理创伤。

人类自3岁起习得语言，之后经历的事都存储在大脑的海马体内。所谓"孩子开始懂事了"，其实就是海马体开始发挥功能了。而3岁之前的事则以感觉和情感相结合的方式，存储在大脑的杏仁核中。由于是习得语言之前的记忆，所以杏仁核中将发生的事情以冰冷的或黑暗的等印象以及害怕或者不安的情感（情动感觉）等信息形式记忆下来。

只要调取杏仁核中的记忆，就可以知道人在3岁前的婴儿期及胎儿期内发生了什么，但一般的精神科医生以及心理咨询师几乎不会去碰触这一时期的记忆。虽然我的设想是基于精神分析流派创始人弗洛伊德的理论，但该理论所涉及的也仅仅是3岁后海马体中的情节记忆（可以凭语言讲述的事物的记忆）。这是因为，如果贸然地碰触杏仁核记忆，有可能使患者陷入恐慌状态或是产生精神错乱等出现各种棘手的情况。对没有掌握安全治疗方法的医师或咨询师而言，杏仁核是不可触碰的"圣域"。有很多病例，虽然明知病根位于杏仁核，但由于不能碰触杏仁核，因而无法从根本治疗病症，以至于陷入长年来往于医院却无法摆脱问题的症状的困境。

本书所说的心理创伤，是指自己或他人的过往经历中未解决的心伤记忆，例如在本应被爱时却没能得到关爱，在本应不顾一切守护自己时却没能做到，在本应无条件地珍爱重要的人时却没能付出自己的爱等。这种记忆存在于潜在意识之下，大多数情况当事人并未感觉到其存在，但内心中渴望治愈、渴望解决它的能量是存在的，并且会执着于将情景类似的现在与过去进行置换，人为地制造束缚，进而出现身体、行为、精神方面的问题。值得一提的是，尽管深浅程度不同，每个人都或多或少地存在某种程度的心理创伤。

除了成年后的遭遇所产生的心理创伤外，我认为，大部分心理创伤的原型是在胎儿期产生的，而婴儿期或青春期产生的心理创伤只不过是胎儿期的翻版而已。即使治愈了海马体存储的创伤记忆，也不能从根本上消除问题症状，就是因为心理创伤的原型还留在杏仁核里。像可以无限冲洗的底片，只要不把原型消除，问题的症状就无法得到真正解决。

• 危险的胎内

接下来要说说胎儿期的事情。通常认为，胎儿在母亲子宫里是十分安全的，但事实上正相反，子宫内的环境极其危险。胎儿通过胎盘与母体相连，但只要受到轻微的冲击，胎盘就有剥离的可能。

子宫中没有被称为放松神经的"副交感神经"，因为副交感神经控制排泄功能，如果子宫中存在副交感神经，每次排泄都会让子宫松弛，胎儿则会有被排出体外的危险，因此，子宫中只存在被称为紧张神经的"交感神经"。母亲只要稍有不安，交感神经就会紧张，不到10秒的工夫，子宫就会充满去甲肾上腺素等紧张化学物质。母亲在感受到极度的恐惧和不安后子宫会收缩，这样胎盘就有剥离的危险。另外，通常状态下呈蛹状的子宫会在母亲感受到紧张后变为烧瓶状，这种变化可能会造成胎儿臀位。

如果母亲在怀孕过程中一直被强烈的不安所笼罩，腹中的胎儿也会一直生活在生命危机的恐惧之中。这种恐惧感体验会清晰地保留在胎儿的杏仁核里，并在其出生之后仍条件反射式地闪回重现。

胎儿要安稳地度过怀孕期，前提是母亲在这段时间内要十分安心。为此丈夫必须要关爱、支持妻子，夫妻共同期待孩子的降临。所以，有着深厚感情基础的夫妻关系是这一切的前提条件。然而，当下中年人的父母辈在他们年轻时自然是无法满足这种条件，就连在他们自己成为父母后，又能有多少人完美地满足了这一前提条件呢？

很多丈夫会有一种轻松的想法："反正我这方面是没问题，我已经尽到了做丈夫的责任。"但你若问问妻子的感受，出人意料的，妻子拥有这种想法："我至今无法原谅丈夫当年那句没心没肺的话和冷漠的态度。"

有不少丈夫觉得，自己因为出差、加班、为了应酬客户或同事喝酒等没能去医院陪伴妻子生孩子，这并不是什么巨大的罪恶，但妻子往往从心底里不能接受丈夫以社会的种种不得已作为借口的理由。"生孩子时希望爱人在身边陪伴、抚慰自己"，这是人之常情。

除去那些从一开始就没指望过得到丈夫的情感回应的人，绝大多数妻子都一直在期待着丈夫温柔相待，而当这种期待没能得到回应，妻子就会感觉被背叛一样的失望。

• 魔法的爱的语言

怀胎十月，子宫中的胎儿一直靠着母亲发出的爱的信号活着。但如果在这一时期胎儿没有充分地接收到爱的信号就出生，那将终生抱有这种欠缺感，并为之受苦。胎儿期应该接收的爱的信号可以用语言表示如下：

（1）满足被爱欲求的爱的信号。

• 真高兴上天把你赐给我们，妈妈爱你。

• 不论你是什么样子，妈妈都会爱你。一定要平安出生啊。

• 在你出生、成长的过程中也许会遇到很多痛苦、辛酸的事情，要告诉爸爸妈妈啊，我们会尽全力保护你。

（2）满足自我信赖欲求的爱的信号。

• 希望你能够感谢生命，过上从内心感到满足和幸福的人生。

• 爸爸妈妈最希望看到的是你相信自己，过自己感到满足的生活，这是我们最大的幸福。

上述融入了爱的讯息的信号，我称之为"魔法的爱的语言"。在人的右耳附近的侧头部皮质中，存在一种爱之皮质细胞群，爱的信号会在这里产生魔法般的反应（见图2-1）。与此同时，当咨询师发出爱的讯息时，咨询师的左前头部眼窝上方的皮质也呈现了活性化（见图2-2）。

不管怎么说，如果孩子在周产期中（分娩前后的时期）包括胎

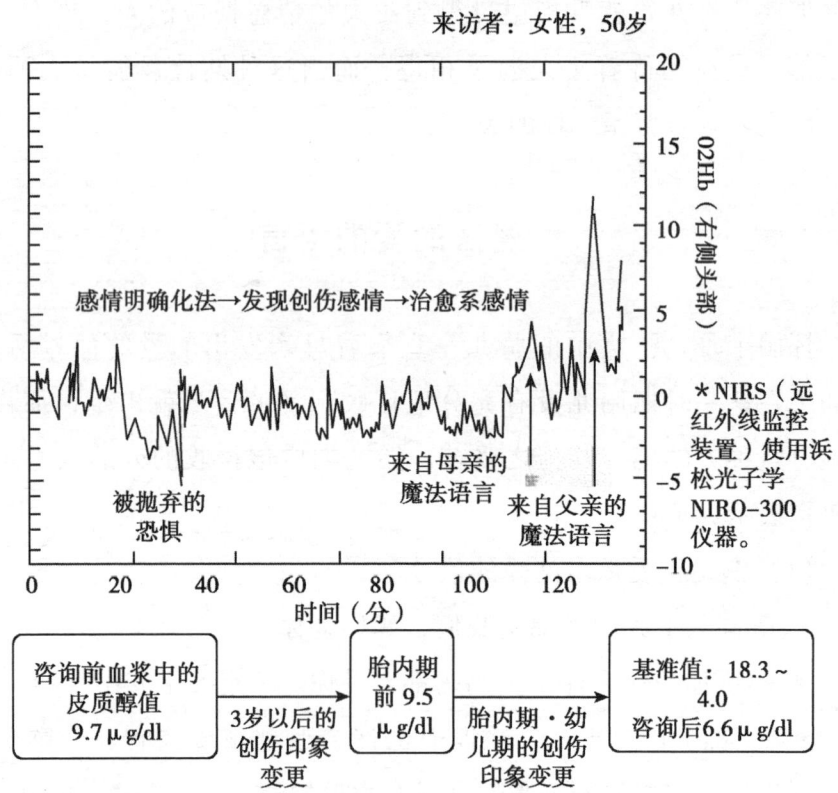

实施感情明确化法时,当来访者感受到了创作感情,尤其是被抛弃的恐惧时,右耳附近的侧头部皮质细胞的氧气含量和血流量呈下降趋势。随后,当听到魔法的爱的语言,此处的氧气含量和血流量随之上升。咨询结束时血浆的压力荷尔蒙(皮质醇)降到最低。

图2-1 接收"正在被爱着"的信号

*使用NIRS监测到的来访者右侧头部皮质细胞中氧合血红蛋白以及血浆皮质醇(压力荷尔蒙)的变化。

儿期阶段没有接收到爱的信号,就会一生都有对爱的欲求的饥渴感。就像刚才提到的,怀孕中的母亲要想在孕期内不断地给胎儿发送爱的信号,重要的前提条件就是拥有充满爱的夫妻关系,妻子能够得到丈夫的抚慰与支持。

第二章　妻子的期待、丈夫的期待

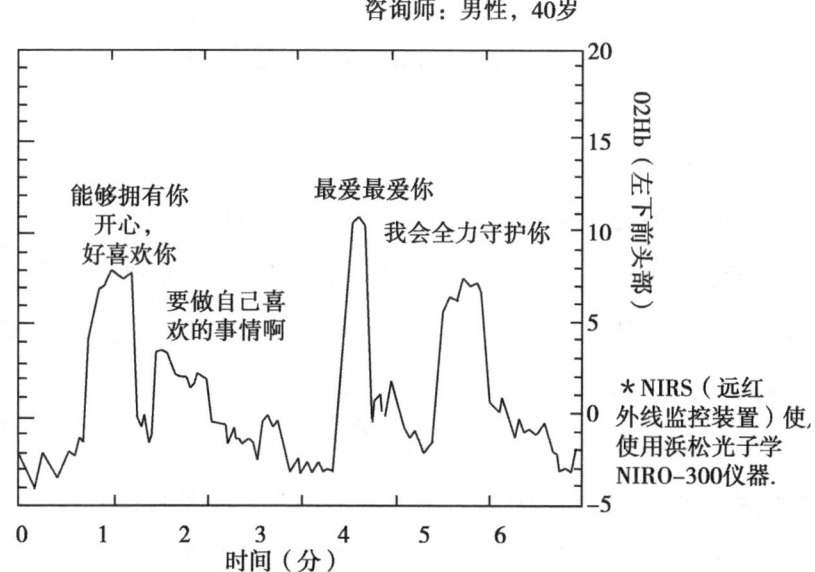

从该实验中观察到，正在说出"魔法的爱的语言"的咨询师，其左下前头部皮质的氧气含量上升，血流量增加。

图 2－2　捕捉"在爱着"的信号

＊咨询师在说"魔法的爱的语言"时左下前头部细胞中氧合血红蛋白含量的变化。

　　不过有的母亲尽管具备了这一前提条件，却仍无法发送爱的信号。这往往是由于母亲本人在胎儿期或生育期内没有得到自己父母的爱的信号。另外，那些没能抚慰、支持妻子的丈夫，大多有着类似的情况，他们内心有着类似的心理创伤，所以夫妻两人以及他们的父母其实都是一样的。

　　心理创伤就是这样通过子宫这一纽带在世代间传递着。爱的欲求没能得到满足的记忆只要不在某一世代被切断，就会像 DNA 一样在世代间不断传递下去。

● 为什么就不能理解我？

"他完全不能体会我的心情"，每当有妻子如此抱怨自己的丈夫时，其内心的真实想法肯定是"我希望他能多爱我、多认可我一些"。反之，对丈夫来讲亦是如此。正如前文所提到的，当事人精神上的不自立、凡事取决于对方的依存心是产生这种心声的原因。而这种依存心又是源自没能得到父母的理解而产生的心理创伤。人们在选择结婚对象时，往往是不自觉地为了治愈自己的心理创伤（解决问题）而去选择那个命运之人，因此只期待能得到配偶的理解。遗憾的是，自己的真实心声似乎很难传达给对方。

参加咨询师培训班的渡边祥子（48岁）在课间休息时来找我咨询："我丈夫太让人生气了。"她讲述了参加培训班第一天回家后的事："对了，今天宗像老师讲了一个事，是……"，她情绪略微高涨，但丈夫反驳说："不对吧，我认为应该是这么回事才对"，"不对不对，是……"，她把话反复讲了三遍给丈夫听，但每次都被丈夫否定。"我气得不得了，一口气把一杯红酒喝完，上楼生闷气去了。"听完牢骚，感觉她还是一副怒气未消的样子。

这时我问她："现在你心里最强烈的心情是什么？"她回答说："生气。"接着我一边问她："那么这种心情背后是怎样的感情？"一边将《感情一览表》（分类整理了心情背后蕴藏着何种感情）（见表2-2）递给她，请她参照表A指出自己的感情所属。她当然拥有愤怒的感情，但她还是出乎意料地将手指放到了"寂寞"和"空虚"上。我接着问她："你感到寂寞是由于放弃了什么东西造成的吗？你放弃了什么呢？"她没有正面回答我，却不经意地道出了最真实的想法："我想和他成为谈得来的夫妻。"

表2-2 感情一览表

(宗像恒次1996年，小森2000年 矢岛京子2003年扩充修订)

基本感情 (感情的定义)	A (派生感情)	B (心声的常见例)	C 感情定义(期待/欲求明确化)「想要做～应该做～希望别人做～」	D (心的本质欲求明确化)
喜悦系列 (期待的事情得以实现，或者能够实现时的感情)	喜悦，开心，有趣，快感，共鸣，兴趣，幸福，安心，好意，感谢，感动，自信，得意，成长，期待，勇气，充实感，决心，爱，满足，使命感，解放感，希望，安慰，愿望，敬畏，憧憬	放心了，喜不自禁，陶醉，太好了，想跳舞，开心，痛快，高兴，太满足了，阿～，兴奋，真幸福，开始吧，一定行，想想就想做，想变成那样子，可爱，有那个就好啦，理解，有趣，心里感动，感谢，值得庆幸，好向往	这是自己的期待和欲求得到实现，或者能够实现时的感情。有什么期待和要求被实现或者能够实现的吗？(需用闪现回答，下同)	如果这样的期待以实现，下面的三个心的本质欲求中，哪一个将得到满足呢？
不安系列 (无法预见是否能达成期时的感情)	担心，惦记，有些焦虑，伴随着混乱的焦虑，恐怖，害怕，恐惧，生命危机感，被抛弃的恐惧感，自我否定的恐惧感	会变成什么样啊？到底还是做不到啊！不知道又要被他(她)怎么说了?！怎么办啊！这下麻烦了！战战兢兢。捏一把汗。原谅我吧！不要放下我不管！好害怕啊！留下我一个人！他们讨厌我吧！活着真没意义！一点办法也没有了，真白痴啊！反正像我这样的人…大脑里一片空白。大脑中一片漆黑。快停止吧！快帮帮我吧！	这是拥有某种期待和欲求，却无法预见其能否顺利实现时的感情。到底是什么样的期待无预知结果呢？那么你本来希望的是怎样的呢？	(被爱欲求) 希望被别人　认可 　　　　　　爱 　　　　　　接收 　　　　　　赞扬 　　　　　　重视 　　　　　　期待 　　　　　　理解 希望按照自己的设想进行 希望自己的价值观能被理解
气愤系列 (理所应当的期待，自己或他人却没做到或做不到时的感情)	生气，懊悔，不满，敌意，厌恶感，不信任，攻击心，拒绝感，愤怒，憎恨感，轻蔑，仇恨，恶心，不讲理，可耻，自我厌恶，同情心，后悔，自责，罪恶感，感觉有罪，(强烈的)不能原谅	(对别人)别开玩笑了！别把我当傻瓜！能不能好好干！大傻瓜一个！就知道顾自己！适可而止吧！那个人怎么回事？照顾一下我的心情吧！(对自己)太窝囊了，不能原谅！这是在干什么呢啊！不要慷懒！对不起我是怎么了?！	这是理所应当的期待，自己或他人却没做到或做不到时的感情。本来应该是什么样呢？你希望事情怎样发展才好呢？	(自我信赖欲求) 不管别人怎么评价 希望对自己　认可 　　　　　　爱 　　　　　　相信 　　　　　　喜欢自己 　　　　　　自我成长 　　　　　　睦我珍惜
悲伤系列 (自己的期待就要落空或已经落空时想不开的感情)	悲伤，悲哀，寂寞，孤独感，无力感，丧失感，空虚，没有道理，失望，死冈，绝望，(轻微的)不可原谅，凄惨，死心	帮帮我！孤零零啊！谁来陪着我吧！只要我付出代价就可以了。反正我就是不行。啊－就这么回事吧。真没意义！没有自信啊！没有办法。真失望啊！反正像我这样的人…	这是对自己或者他人的期待不再抱有希望时的感情。 你为什么不再抱有希望或者是正打算要放弃呢？那么你本来希望是怎样的呢？	(爱他欲求) 不管别人如何评价，希望自己能无条件地 　　认可他人 　　爱并相信他人 　　尊重他人 　　接受他人 　　表扬他人 　　保护他人 　　帮助他人 　　温和的对待他人
痛苦系列 (背离期待的事情接连发生时的感情)	痛苦，难受，苦痛，累，费劲，苦恼	问:在不安、生气、悲伤中，是哪一种感情一直持续困扰着你、让你感到痛苦呢？ 然后在不安、生气、悲伤系列中把那种感情明确化		
E (关键情景的示例)	不得不面对一些麻烦的事情时。 的冒出来没有自信时。 为自己做些什么事的时候。 过着不是自己想要的生活的时候。 不得不去面对并处理一些根本无法预知的事情的时候。	孤军奋战的时候。 面对自己不擅长的事情的时候。 没有人给予支持的时候。	没有人给予理解却不得不独自忍受的时候。 只有自己一个人在付出的时候。	问题接二连三的时候。 必须让自己忍受的时候。

41

祥子的父母共同经营一家公司，因此她从来都是一个人寂寞着。每天接送她去幼儿园的也是公司的职员，她说："接送我的并不是妈妈。"

之后，我运用"退行催眠法"唤起幼儿时期的记忆："请回忆你小时候的照片""这是你几岁时的照片？""请你试着让照片里的孩子变得越来越小一些""不断地变得更小一些""现在，你觉得你正在做什么呢？"就这样一边对她问话，一边诱导出她幼儿时期的印象。

结果她说似乎看到了 0~1 岁时印象："我能看到天花板上的灯。"估计应该是独自被放在摇篮里，盯着天花板看的情景。她说："我只能看到这些。"这样的情景是否真实是无从可知的，但当这种心像风景出现之后，她的眼角突然涌出了泪水。

流泪是位于间脑的视床下部外侧部位的反应，使副交感神经的面部神经处于兴奋状态的结果。详细的解释在此略去，总之流泪是因为杏仁核的兴奋引起了过去经历过的悲伤、恐惧的记忆闪回，而副交感神经作出反射来试图平定这种恐惧感时的一种现象。这种时候就需要运用"肌肤接触法"来帮助来访者抑制杏仁核兴奋、平复情绪。

可以通过轻抚来访者的头、颈、肩、背等部位，至于具体是哪个部分以及如何做才能平复情绪，来访者本人十分清楚，只需要向本人确认即可。祥子的情况是后背，在她的指示下，我轻抚她的后背，很快她便恢复了平静，悲伤的情绪也得到了安慰。

接着是唤醒她胎儿期的记忆。我们说过杏仁核中以情动感觉信息储存着胎儿期的记忆，只要链接到杏仁核就可以让胎内记忆惊人般清晰地呈现出来。我与退行至胎儿期的祥子进行咨询问答，得知她"在胎内很冷，所以一直将身体摆成格斗的姿势"，就像拳击手双手护在面前恫吓对手的样子，祥子给我演示了这个动作。这样做似乎能帮助她温暖自己的身体。

一般来说，母亲只要保持安心、放松，就可以让胎内成为一个暖和、温馨的地方。然而祥子的母亲在怀孕时一直担心着濒临破产的公司，完全顾不上肚子里的孩子。非但没有为怀孕而喜悦，甚至后悔在不恰当的时机怀上了孩子。很明显，这种状态对胎儿而言是最糟糕的，祥子的母亲也没能对她发出应有的爱的信号。

在冰冷的羊水中，她一定因寒冷而颤抖，血液循环不畅。刚才提到过本人十分清楚对自己而言肌肤接触法最能起效的部位，祥子说过希望后背得到轻抚，可以推想这个部位就是胎内时她血液循环最不通畅的地方。她在胎内的所有时间都用力摆着格斗的姿势，依靠自身力量促进血液循环。这一姿势也仿佛是祥子整个人生的生活方式的象征。

如果用一个词来概括祥子的性格，那就是"战士"。在和别人战斗的时候才是她最能安心的时候。无论身处何处，她都会发挥出领导气质，让人感慨不愧是企业家的女儿。她虽然也喜欢照顾人，但体内还是有着攻击性的一面，不太信任别人。在最渴望三种爱的欲求的胎儿期及幼儿期，祥子形同于被父母抛弃，这种经历让她成了一个战士般的女强人："除了自己，哪怕是父母都不值得相信。自己的命运只能靠自己把握。"在我们了解了胎儿期的祥子之后，我想读者们不会对她选择这种生活方式感到诧异了吧。

祥子的人生独特脚本，就是嫁给一个能满足她三种爱的欲求的人，并和他一起组建一个充满爱的家庭。"父母没能给予自己的爱，希望能从丈夫那里获得。并将这种爱传递给自己的孩子"，这就是祥子结婚的初衷。然而丈夫却一点也不理解自己，理想中心有灵犀的夫妻关系成了泡影。

那一天，祥子想告诉丈夫的肯定不是研修的内容，而是想跟丈夫分享听课后的兴奋与感动。"听我说，听我说"，祥子的人生中不曾有这种一边撒娇一边向父母讲述的经历，因此她希望丈夫能给自己这样的宠爱。但事与愿违的是，自己的期待在丈夫身上又一次落空，曾经的寂寞、空虚再一次涌上心头，泪水也在眼眶里打转了。前文有提到眼泪与有生命脑之称的间脑、脑干等部位直接相关。因此笼罩着祥子的，想必是足以危及生命和灵魂的寂寞与空虚。

祥子说，父母由于几年前公司倒闭，现在双双陷入抑郁状态，而每每跟他们接触时，自己的身体也会出现问题，甚至只要母亲打来电话自己就会不舒服。母亲的电话并非总是抱怨、发牢骚，有时候也会来电话谈些事情。尽管如此，祥子只要一听到母亲的声音就会身体不舒服，这是因为曾经没能得到关爱的愤怒以及被抛弃的恐惧等情动信号，对母亲的声音频率产生了反应，就像条件反射一样让当时的愤怒与恐惧再现。

如果身心平衡崩溃的主要原因是与某个特定人物的人际关系，那么治疗中最有效的方法就是与发出这种情动信号的人物"保持距离"，即不要再和那个人见面。例如，闭门不出的孩子如果离开父母生活一段时间，他会变得十分活泼。保持距离不仅指物理距离，也包括心理上的距离，因此在这期间最好也不要通过电话来联系，尽可能保持这种状态达到一年左右，并接受SAT印象疗法中的再养育印象法的咨询，这样效果就会固定，之后即使再见面接触也不会产生威胁身心健康的精神压力。

于是我也对祥子提出了保持距离的建议，然而毕竟她是一个战士般的人，立刻否决了我："那怎么能行。现在能照顾父母的也只有我这个女儿了。"祥子深陷困境，却仍斗志不减，是因为她的笔友在一路鼓励她、倾听她的心声，这就是所谓的灵魂友人。

可是祥子现在最需要的不是灵魂友人，而是一个灵魂伴侣。她的丈夫应当也是希望与祥子建立这种关系的。当严肃认真的祥子说自己"寂寞、空虚"的时候，就意味着虽然和丈夫因为相爱而结婚，并共筑家庭，但却没能形成在困苦之时可以互相支持的灵魂伴侣关系。

● 自己内心真正的欲求是什么？

"渴望被爱，渴望爱自己，渴望爱他人"，人们活在世上都是为了满足这三种心的本质性欲求。当欲求得到满足就会感到"喜悦"，如果不确定可否被满足就会变得"不安"。其中最为优先的、对本人来讲理所应当被满足的欲求却没有被满足时就会心生"愤怒"，当心死、放弃时就会感到"悲伤"。不安、愤怒、悲伤等感情如果一直持续就会产生"痛苦"的感情。

人类的行为里总是伴随着上述某种感情。因此，只要以现在的感情为线索，我们就可能知道自己内心深处到底是何种欲求在渴望得到满足，这样就可以采取与之相应的行动，修正自己的生活轨道。夫妻间的纠葛所产生的期待与不满背后的真正欲求是什么？只要搞清楚这个问题，就可能实现从互相指责的夫妻关系向互相认可对方的需求、互相满足对方需求的关系转变。

下面要介绍的就是一个关于夫妻关系转变的真实案例。

表2-3介绍的是一位男性来访者的咨询过程。他带来的问题是对"家庭没有凝聚力，和妻子意见不合，和孩子无话可说"感到不满。在他对家人的感情（愤怒系）背后，有着"希望不要无视自己

的存在"的期待。接着对他提问，如果这一期待得到满足会怎样，"渴望被重视（被爱欲求/渴望被爱、渴望被认可）"的心的本质欲求能够得到满足。

在进行咨询的过程中，还发现他觉得被家人无视的自己十分没出息。同时，咨询也让他意识到，自己内心存在着针对自己的欲求——"其实不应该总是期待家人，而应该互相倾诉真心话"的自我信赖欲求（渴望爱自己、自己对自己感到满足）。仅仅在意识到了这一点，他就明确了今后应当采取怎样的行动。

他得出的结论是"和家人再深入交流"。作为第三方来看，或许会认为"这种事，从开始就该知道啊"。然而当局者迷，旁观者清，处于事件中心的当事人，或是看不到这样的解决方案，或是即使看得到也无法付诸行动。就像这位男性一样，只有意识到自己的压力其实来自内心隐藏的"想让自己成长、渴望相信自己"的自我信赖欲求以及"渴望爱他人"的爱他欲求时，才真正知道该采取怎样的行动，而且会自己主动地按照自己的意志去行动。

大家可以参照"咨询的过程"（见表2-3）试着进行自我咨询，探索你自己所持有的期待和不满背后的心的本质欲求。在回答各个问题时请参照《感情一览表》（见表2-2），不要思考，运用直觉，用左手来选择出你的答案。也许你会感到意外，但大多数人其实不清楚自己到底有着怎样的感情，被怎样的情感所左右在行动，所以要用与右脑直觉相连的左手进行答案选择。

当明确了自己无意识的感情后，就能够知道感情背后隐藏的期待，以进一步透过期待来明确其背后有着怎样的心的本质欲求在渴望得到满足。做到这一步，基本上就等于解决问题了，来访者一定会产生将依靠自己的力量，付诸实际行动，找出答案的勇气。

表 2–3　咨询的过程

（Q 代表咨询师，A 代表来访者）

Q1. 你现在有什么压力或心事吗？如果主观感受的压力度以 100% 为最大的话，你目前所感受到的压力度是多少？

A1. 现在我的家中不和谐，妻子跟我的意见不合，孩子跟我也无话可说，压力度 80%。

Q2. 请参照表 2–2 的 A 栏，告诉我对于"这些烦心事"，你此刻最强烈的感受是什么？是不安、愤怒、悲伤、痛苦等感情中是哪一种呢？

A2. 不满。

Q3. 那么，你理想的状态是怎样的呢？请参照表 2–2 的 C 栏，不要过多考虑，用直觉来回答。请具体地回答一下你对自己有什么样的期望，对对方有什么样的期望？

A3. 希望他们不要无视我的存在。

Q4. 请参照表 2–2 的 D 栏回答，如果在 Q3 中的期待（要求）能够实现，你的哪种心的欲求（被爱的欲求，自我信赖欲求，爱他人的欲求）能够得到满足？

A4. 希望家人能够珍惜我（被爱的欲求）。

Q4–1.（请闭上眼睛）（自我观察）现在请想象你面前有一面镜子，请拉开一点距离，观察一下镜子中的你自己：你渴望着被爱，有着 Q3 中希望他们不要无视你存在的期待，因这种期待不能实现，让你有着 Q2 中不满的情绪，目前在为 Q1 里家中不和谐、没有交流的事烦恼。你看到了一个怎样的自己呢？我会读两遍，如果你脑海里闪现出答案就请回答我。

A4–1. 没有出息的自己。

Q4–2. 请参照表 2–2 的 A 栏回答，你看到一个没有出息的自己之后，是怎样的心情感受呢？（你喜欢这样的自己吗？）

A4–2. 自我厌恶。

Q4–3. 那么你理想的自己是什么样子呢？

A4–3. 不要只是去期待家人，能够互相诉说真心话

Q4–4. 请参照表 2–2 的 D 栏回答，如果在 Q4–3 中的期待（要求）能够实现，你的哪种心的欲求（被爱的欲求，自我信赖欲求，爱他人的欲求）能够得到满足？

A4–4. 自我信赖欲求。

Q5.（在觉察到自我信赖欲求或爱他的欲求之后）那么从现在开始应该怎么办才好？请回答你脑海中闪现的答案。

A5. 我其实是不满自己没有真正地向家人传达我的心情和想法。我们需要的是更多的相互理解。

Q6. 为了解决问题，今后你将采取哪些具体的行动呢？请不要勉强自己，回答你脑海中闪现出的能够做到的行动。

A6. 多和家人敞开心扉，也多听听他们的想法。

Q7. 那么，现在你最初感受到的压力度变成多少了呢？

A7. 压力度 30%。

第三章　如何才能成为本来的自己

• 想成为的自己才是本来的自己

即使是那些不知道自己是怎样的人的人们，也可以描绘出自己想要成为的理想样子。"想成为一个心胸更开阔的人""想成为一个无所畏惧、勇于挑战的人""想成为一个能让周围人依靠的人"等，你脑海中时常浮现的这些理想的自我形象，一定与真实的自己十分接近，因为人类一般不会去奢望无法实现的东西。

即使如此，我们仍然很难变成自己理想的模样，这是因为自己会给自己踩刹车，而始作俑者就是心理创伤（心伤记忆）。可能是曾经在某个地方，你展现出了真实的自己，却因此受伤，这种经历让你决意不再展现出真实的自己。所以，想要做理想中的自己，就必须改变心伤的记忆印象。

前文提到过，爱的欠缺的记忆产生于胎儿在母亲的子宫时期。情感记忆的工作原理类似于可以重播的放映机，位于边缘大脑的杏仁核，在面对现实生活中发生的与子宫内经历类似的状况（关键状况）时，会立即激活相应的记忆原型。这就是为什么尽管每次发生在眼前的事不尽相同，但伴随着愤怒、恐惧等情动反应的情节展开总是相同的原因。只要原型的映像（Image）不发生改变，整个人生都会重复相同的故事情节。

胎儿在母亲的子宫内时常要面对死亡的威胁，所以绝大多数心理创伤的原型都形成于胎儿期。怀孕时的妻子如果得到丈夫的关爱，安稳地度过怀孕阶段，就会减少心理创伤产生的概率，但这种理想状态实在是少之又少。胎儿体验到的恐惧程度或许各有差别，但毫不夸张地说，每个人在胎儿期都产生过心理创伤。

在我母亲怀孕时，我的父亲就没有给过她特别的照顾，再加之是第一胎的缘故，母亲累积了许多不安和压力。或许是这个原因，我在接受退行催眠疗法后，重现了这样的记忆："母亲的子宫不断收缩、状态不稳定，我感觉自己浸泡在冰冷的羊水中，似乎脖子被脐带缠绕，一直被恐惧和不安所笼罩。"

这样的胎内印象让自出生后的我被愤怒的情动反应所支配着。每每遇到"父亲（或与父亲相似的强者）没有努力去保护母亲（或与母亲相似的弱者）"这种"关键情景"，我就会对父亲（或与父亲相似的强者）产生一种"你应该保护弱者！"的愤怒情感。但随着父亲的老去，父亲竟然也真的如我所希望的一样，变成了理想中能保护母亲或与母亲相似的弱者的温和体贴的父亲。因此我更加爱他，并且感到骄傲。

我曾经给一个年轻人做过咨询，他的心理创伤原型和我的情况十分相似。他不自觉地试图治愈自己的创伤，曾多次闯祸闹到警察局。估计他是无意识地通过挑起一些事端来引起父母的注意，让他们担心自己吧。如果他能意识到创伤的存在，就不会再走弯路，最重要的是也不必为莫名的愤怒所苦了。

正在读着本书的读者也不会例外，你有着怎样的创伤原型呢？

前文已经介绍过我对于心理创伤的定义,这里要强调的是,这些心伤记忆不仅形成于包括胎儿期在内的生育期内,也包括由前世代传递来的未解决的"爱的欠缺记忆"。如果对此放任不管,后代子孙就会不自觉地追求那些能够修正爱的欠缺的体验。心理创伤的深浅程度可以通过《心的外伤度量表》(见表3-1)来判断。这个量表中是否也有与你的情况相符的问题呢。

表3-1 心的外伤度量表(PTSS)

		总这样想	有时这样想	不这样想
1	能够产生强烈的恐惧感和战栗感的、像临死体验那样的重大事情,或像负了重伤那样的无力感,在自己的生命中好像曾不止一次地出现过	1	1	0
2	感到好像目睹或直面了别人的生命危机那样,产生过强烈的恐惧感、无力感和战栗感	1	1	0
3	不知为什么,痛苦的情景禁不住数度想起,或在梦中出现	1	1	0
4	一触到与心里的伤痕相关的事就想回避、或感到恐惧	1	1	0
5	虽然直觉有令我感到伤心的场面,但却想不起来具体是什么场面	1	1	0
6	会因为接收到某种信号,而突然变得害怕、悲伤或生气	1	1	0
7	类似过去伤心往事的事情一旦发生,就会有想要呕吐、全身颤抖等身体应出现	1	1	0
8	想要避开会使自己回忆起心里的伤痕的场所和人物	1	1	0
9	想要回避与自己心里的伤痕相关联的话题、想法、心情和谈话	1	1	0
10	觉得好像无法再期待自己能够拥有一份正式的职业、能正常地结婚和生育女,并能拥有一个完美的人生	1	1	0

请将符合你实际情况的得分相加。心的外伤度:弱:0~1分;中:2~3分;强:4~10分。需要注意的是,如果现在的环境尚且宽松,有可能存在没有被意识化的创伤。因此,即便是0分,也不能够绝对地认为不存在创伤体验。

即便存在相符的问题，也可以运用前文介绍过的"再养育印象法"以及后面将要介绍的"胎内印象法"等印象疗法进行咨询治疗，来帮助你做回想成为的自己。

• 被创伤操纵的人生

现在，我正以闭居儿童为对象进行调查，将胎儿期、周产期中经历的创伤和这些孩子所具有的心理行为特性、疾患之间的相关性进行数字化调查研究。结果和假设基本吻合，心理创伤的严重程度与身心表现出的问题严重程度相一致。这就意味着，只要能治愈胎儿期、周产期内产生的创伤，诸如闭门不出这种行为问题以及特应性皮炎等的疑难症，极有可能会自然治愈。

在诸多深刻影响着人生、健康的创伤中，我认为首先值得特别警惕的是由"不受欢迎的怀孕""不受欢迎的诞生"所带来的心理创伤。有抑郁情绪的重症身心疾病的来访者大多有这种创伤。反过来说，不受欢迎的怀孕、诞生所引起的心理创伤很容易造成疑难疾病及各种问题的产生，甚至更容易出现自杀行为。这样的人没能从父母那里得到"能怀上你真是太高兴了，我们很爱你，一定要平安诞生啊"的爱的信号，因此他们会找不到活在世上的意义，以至于最后发展到产生轻生的念头。

另外，即使怀孕、诞生都是父母所期盼的，如果怀孕过程中母亲的精神状态不安定的话，也会遭遇大出血以及脐带缠绕、难产等意外情况，这些经历体验也会造成胎儿严重的心理创伤。

还有很多人的创伤是由于多胞胎中的其他方夭折导致的。治疗不孕症常用办法是使用促排卵药物，但这种情况下往往会产生多胞胎,这时又会使用含钙药物将胎儿数量调整至两个。在胎内体验了"大屠杀"的孩子精神状态当然不会安定,而他们的父母也为此深受苦恼,这类人的数量规模足以在全国成立一个多胞胎父母协会。

其他值得警惕的是"幼年时丧母""有流产或死产的兄弟姐妹"等情况。特别是如果母亲在生产后不久就去世了,孩子会认为"母亲是因自己而死的",从而陷入深深的负罪感之中,最终走上破灭型的人生道路或成为救世主症候群。

其他诸如怀孕时"夫妻不和或亲戚反目""父母的心智不成熟或精神不安定""父亲酗酒"等情况,孩子出生后也会通过用自己的身体来使问题重现。孩子的问题多在夫妻关系性问题中产生,而这种成为问题的夫妻关系又是上一代夫妻关系的重复上演而已。或许当事人本意并非如此,但他们确实在重复着和上一代的夫妻同样的问题,并还会一代代传递下去。

你或许想问,到底怎么做才能解决这个问题?办法是有的,只要营造一个与上一代夫妻关系不同的、理想的灵魂伴侣的夫妻关系,就可以消除在世代间传递的创伤记忆。后文会对此作进一步详述。

能产生心理创伤的过往经历不胜枚举,我将其中足以对当事人的人生产生重大影响的事件加以整理,如表3-2至表3-5所示。请参照表格检查一下自己是否有相应的情况,自己不清楚的经历可以询问父母。

要治愈心理创伤,首先要意识到创伤的存在,这样自己就会多少有所醒悟,为何现在选择了这样的人生道路,也会明白为何会产生自己无法控制的感情,然后就能告诉自己:"那实在是无可奈何的事情啊。"意识到"那实在是无可奈何的事情"并不等于绝望放弃,正是在意识到这一点后,本人才会产生"没有必要责备自己"的想法。也只有意识到这一点后，才算是做好了接受最真实自己的准备。

表3-2　在你还是胎儿期，母亲所经历的事情

（请在相符的项目旁画○。因为当时你还是胎儿，所以请根据你从周围听到的信息尽可能的回答）

序号	经历的事情	画○	序号	经历的事情	画○
1	离婚		16	吃太多或食欲不振	
2	战争		17	不规律的饮食	
3	着火		18	饮酒	
4	身边的人重病或死亡		19	药物乱用	
5	失业		20	母亲精神未熟或精神不安定	
6	交通事故		21	父亲精神未熟或精神不安定	
7	搬家		22	家中从事农业或者个体职业	
8	夫妻不和或家庭不和		23	出生前母亲还在工作	
9	神经症		24	父亲没有尽到保护家族的责任	
10	希望生男或希望生女		25	父亲回家总是很晚或不常回家	
11	遭遇强奸或性虐待		26	母亲在不熟悉的环境中居住	
12	父母或家族中有人曾想要流产		27	父亲酗酒	
13	父母吸烟		28	父母有一方是残障人士	
14	计划外怀孕		29	母亲非常能忍耐	
15	觉得怀孕是一种负担		—		—

表3-3 在你的兄弟姐妹出生前后，母亲所经历的事情
（请在情况相符的项目旁画○）

序号	经历的事情	画○
1	人工流产	
2	自然流产	
3	死产	
4	夭折	
5	难产或晚产	
6	胎位不正	
7	低体重儿	
8	早期破水	
9	钳子分娩或吸引分娩引产	
10	剖腹产	
11	使用催生剂	
12	分娩时全身麻醉	
13	早产	
14	双胞胎	
15	多胎怀孕	
16	前兆流产	
17	假死出生	
18	子宫异常出血	
19	母亲生病（子宫囊肿、癫痫、高血压、糖尿病、神经症等）	
20	脐带缠绕	
21	其他	

表3-4 在你出生时，母亲所经历的事情

（请在情况相符的项目后画○）

序号	经历的事情	画○
1	难产或晚产	
2	胎位不正	
3	低体重儿	
4	早期破水	
5	剖腹产	
6	使用催生剂	
7	分娩时全身麻醉	
8	前置胎盘	
9	双胞胎	
10	多胎怀孕	
11	假死出生	
12	早期破水	
13	母亲生病（子宫囊肿、癫痫、高血压、糖尿病、神经症等）	
14	子宫异常出血	
15	早产	
16	脐带缠绕	
17	怀孕中毒症	
18	胎位或姿势异常	
19	分娩时异常出血	
20	胎盘早期剥落	
21	异常破水	
22	阵痛异常	
23	妊娠恶阻	
24	其他	

表 3-5 你婴幼儿期、学童期所经历的事情

（在婴幼儿期、学童期，你经历过下面的哪些事情？请在情况相符的项目旁画○）

序号	经历的事情	画○
1	经历过生死攸关的疾病	
2	有过手术或者其他恐怖的疫苗接种等体验	
3	遭遇过生死攸关的意外事故	
4	长期由父母以外的人抚养	
5	父母经历过生死攸关的疾病或事故	
6	父母的离世	
7	母亲从事个体或者农业工作，非常繁忙	
8	没有得到宠爱	
9	被父母、亲属或者附近的人施以暴力或性虐待	
10	暴力的教养方式	
11	父母有酒精依赖、药物依赖或其他精神疾病	

● 改变胎内印象

很多研究报告表明，胎儿能感受到母亲的情动变化。例如有报告指出，当医生一边用B超在母亲子宫周围进行检测一边对母亲说"胎儿的染色体有异常啊，还是人工流产掉比较好"的瞬间，胎儿仿佛感受到了母亲的震惊一般，突然停止了活动。

一位妇产科医生的报告也指出，在通过对79名幼儿的情况进行调查后发现，42人有胎内记忆，32人有出生时的记忆（见2001年《保健医疗研究集会》报告）。关于胎内记忆，最多的描述都是"黑暗的""红色的"等关于颜色、亮度的记忆。据说，曾有一个2岁零9个月大的孩子躺在房间指着电灯说："跟妈妈肚子里的颜色一样。"而难产出生的7个人全部都有出生时的记忆，其中有一个小学一年级的男生在作文中写道："当我还在妈妈肚子里的时候，一把刀向我刺了过来，我的脚被抓住了，还被打了屁股……妈妈告诉我这是我的梦，但我觉得是真的。"在向他的母亲确认后得知，由于胎儿当时是臀位，因此是剖腹产出来的。

SAT印象疗法会使用一种叫做"胎内印象法"的催眠手法，对胎内印象的记忆进行再生。尽管胎儿期的记忆会随着成长而变得模糊，即使去回忆也无从想起，然而通过这种方法却可以使当时的记忆重现。

胎内印象的再生是按照如下的问题与顺序进行的。独自操作时，可以事先将提问步骤进行录音，然后闭上眼睛一边听录音，一边进行：

（1）回忆现在或是过去的心伤印象，它或许伴随着愤怒，或许是恐惧，总之是对你而言构成问题的并同时涌起强烈否定情感的印象；

（2）浮现这种心伤印象的时候，你的身体有着怎样的感觉（头部被勒紧、冰冷、肩膀酸痛等）；

（3）想起自己幼年时的照片；

（4）照片里的你是怎样的面孔；

（5）请想象这个孩子变成婴儿，回到母亲的子宫［运用（1）的心伤印象和（3）的身体感觉作为刺激条件来促使胎内印象重现］；

（6）请想象你在羊水里，产生像泡在浴缸里的那种漂浮感。你的周围被子宫壁所包围，你低下头能看到自己的脐带和母亲的胎盘相连接。

通过这样的诱导使来访者退行到胎儿，再运用（1）和（2）的答案进行条件刺激，这时患者就会产生条件反射，真实到令人震惊地开始讲述自己胎儿期的身体状况（脖子被勒紧、身体在打转等）、母亲的动作、子宫内的状况（冰冷的、燥热的、子宫壁很坚硬等）、从子宫外部听到的声音等各种信息。其中臀位出生的人甚至能准确描述出自己身体当时所处的角度，这就是胎内记忆或是情动记忆再生。

接着，我会对退行到胎儿的来访者提出如下的问题。如果回答内容是负面印象，可以判断其在胎儿期肯定发生过一些意外事件。

> Q. 用皮肤去感受一下羊水的温度，是什么样的感觉？（触觉层次）
> A. 负面印象：冰冷的、燥热的、半温不热的、感觉不到温度；
> 正面印象：温暖的、舒服的。
>
> Q. 请做一下喝一口羊水的动作。是什么味道？（味觉层次）
> A. 负面印象：苦的、咸的、没有味道；
> 正面印象：甜的、美味的。
>
> Q. 请想象你的两手贴着子宫壁，并抚摸它。是什么感觉？（触觉层次）
> A. 负面印象：硬的、粗糙的、紧绷的；
> 正面印象：柔软的。
>
> Q. 胎内的颜色及亮度是什么感觉？（视觉层次）
> A. 负面印象：昏暗到什么也看不见、漆黑一片、淡淡的灰暗；
> 正面印象：明亮的、橙色的、粉色的。
>
> Q. 整个身体是什么感觉？有没有疼痛或是不舒服的地方？（身体感觉层次）
> A. 负面印象：腰疼、脖子发热、全身紧张；
> 正面印象：没有异常、很舒服。

之后再请来访者参照《感情一览表》，分别将黑暗的、冰冷的等负面胎内感觉印象用感情表现出来。同时要明确这是胎儿本人的感情，还是父母或是流产掉的兄弟姐妹的感情，抑或是前世代人的感情。如果是前世代人的感情，就要求来访者通过"世代线"（从当事人开始上溯至前世代的祖先，父系和母系分开，每一个世代用线隔开（见表 3-6），用左手指出感情属于哪一个世代的什么人，和左手相关联的右脑会用直觉给出答案。当额叶联合皮层功能正常（处于觉醒状态）时所感受到的感觉印象是无法区分出这些人格的，只有通过催眠使左侧额叶联合皮层的血流量下降，并弱化保持自我同一性的心理防卫机制，在这种状态下的感觉印象就可以区分人格。具体做法是在来访者处于觉醒状态后，运用《感情一览表》将催眠时得到的感觉印象进行感情明确化，并询问这个感情的来源是谁，来访者就能不可思议地对自我和他人的人格进行区分。如果出现流产的孩子，请实施"亡故孩子诞生·成长印象法"；如果是除孩子以外的其他人，请实施下面的"前世代创伤回避印象法"。

表 3-6　世代线

父　方	母　方	世　代
		30 代前的世代
		29 代前的世代
		28 代前的世代
		27 代前的世代
		25 代前的世代
		24 代前的世代
		23 代前的世代
		22 代前的世代
		21 代前的世代
		20 代前的世代

续表

父方	母方	世　　代
		19代前的世代
		18代前的世代
		17代前的世代
		16代前的世代
		15代前的世代
		14代前的世代
		13代前的世代
		12代前的世代
		11代前的世代
		10代前的世代
		9代前的世代
		8代前的世代
		7代前的世代
		6代前的世代
		5代前的世代
		4代前的世代
		曾祖父母的世代
		祖父母的世代
		父母的世代
	自己	自己兄弟姐妹的世代
		自己孩子的世代
		自己子孙的世代

　　实施前世代创伤回避印象法（© 宗像恒次）时要运用以下的提问，在闭眼状态下进行。独自操作时可以事先将问题录音后再进行。

　　（1）那世代的那个人是男性还是女性？

（2）那个人是不满10岁，还是10多岁、20多岁、30多岁、40多岁或50岁以上？

（3）那个人是面临着自己的死亡危机还是面临着别人的死亡危机？

（4）【情景一】为了回避那场死亡危机，周围的人无条件给予支持，从濒临死亡的时间点起，时光要倒退多久他才能避免死亡的威胁？

> （例）回到她5岁的时候，如果父母更温和一点，对那个5岁的小女孩多一些关爱，她会很开朗、幸福，也就不会发生因冲动就跳井了。

那么，请你在头脑中想象一下那个场景的具体画面。现在你的心情如何？

> （例）非常安心，感到很幸福。

（5）【情景二】接下来在没有外界帮助的情况下，仅靠本人的力量要怎么做才能回避那场危机？从濒临死亡的时间点起，要倒退多久才能避免死亡的威胁？请不要思考，用直觉闪现来回答。

> （例）5岁时离家出走，在一个遥远的寺庙里幸福地生活、成长。

那么，请你在头脑中想象一下那个场景的具体画面。现在你的心情如何？

> （例）很安心。

（6）【情景三】事实上这个危机并没能避免。但如果周围的人无条件地做一些怎样的事情可以让本人（如果本人死去的话，那些为之哀悼的人）的心灵得到慰藉？请不要思考，用直觉闪现来回答。

(例)父母从井里捞出了孩子的遗骸,建了墓地,好好安葬她,为她祈祷冥福。

那么,请你在头脑中想象一下那个场景的具体画面。现在你的心情如何?

(例)稍微轻松了一些。

(7)【情景四】那么,如果本人(如果本人死去的话,那些为之哀悼的人)事后要靠自己的力量来克服这个危机,应该怎么办才好?请不要思考,用直觉闪现来回答。

(例)母亲带着弟弟,身着素服,离家朝圣。

那么,请你在头脑中想象一下那个场景的具体画面。现在你的心情如何?

(例)我能感受到他们的庄重与气魄。

(8)按照这样的情景,家族后代的子孙会成为怎样的人?父母又会变成什么样?

(例)子孙后人会更自重,不会为了迎合周围而牺牲自己,能够将自己的主张传达给周围人,活出自己的精彩。

(9)当你想象前世代的人都能采取这样的行动后,你觉得自己会变成一个怎样的人?

(例)我不会放弃,不会半途而废,我会成为将自己想做的事情坚持到底的人。

(10)请用直觉回答,刚刚出现的那个世代的印象与你自己现在面对的问题有何关联,另外自己的问题要怎样做,才能够解决呢?

(例) 感觉自己在很多事情上太软弱，没能勇于面对。我要重拾初心，从头开始。

如果是既非流产的孩子，又不是除孩子以外的其他人，而是来访者自己的感情的话，就要将其胎内印象转变成正面的胎内印象。转变胎内印象的操作顺序如下：首先询问退行到胎儿的来访者渴望拥有怎样的胎内印象，为了实现这样理想的胎内印象，父母的印象需要怎样改变？父母的印象如何变化才能让胎儿感到安心？对于这个问题大家的答案虽然不会有很大区别，但就具体内容而言则会因人而异。例如，希望父母"这样做/曾经希望这样做""那样做/曾经希望那样做"，希望他们拥抱自己，希望父母能训斥欺负自己的小孩等。咨询师应按照来访者本人的愿望创造他渴望的"印象脚本"（能够解决过去未曾解决的心伤感情的概要），并按照脚本通过角色扮演法、想象法和绘画法等方法来转变印象（见表3-7）。

表3-7 某来访者的咨询记录

	最初的印象	感情	理想的印象	周围人理想的印象
羊水的温度	冷的	生命危机的恐惧（胎儿的感情）	温暖的	希望父母关系很好，父亲很体贴，关心照顾容易生病、精神不安定的母亲，还希望父亲能够考虑到食物营养的搭配
羊水的味道	苦的	生命危机的恐惧（胎儿的感情）	甘甜的	
胎内的亮度	淡灰色	生命危机的恐惧（胎儿的感情）	明亮的	
胎盘的颜色	中间白，四周黑	愤怒（父亲的感情）	粉色的	
子宫壁的状态	软塌塌的	生命危机的恐惧（胎儿的感情）	有弹力的	
脐带的状态	在前面，没有绕颈	安心（胎儿的感情）	—	
身体违和感	头很热	愤怒（父亲的感情）	不热了	

在对一位患有突眼性甲状腺肿和肠梗阻的 40 多岁女性进行胎内印象法咨询治疗之前，我唤醒了她幼儿期的心像情景，得知她当时对母亲感到异常的恐惧。事实上，母亲从未对她施暴或虐待她，但她对母亲的一言一行都是那样的战战兢兢。她为什么那么害怕母亲呢？当时的情况下还无法对此进行解释。于是在实施胎内印象法之前，我让她问自己的母亲，当年怀孕时是以怎样一种心情度过的。她母亲的回答她："第一个孩子流产掉了，你是第二个，因此一直很担心这个孩子能不能顺利生下来。"

综合这些信息，我们创造了她所渴望的印象脚本，并根据脚本进行了如下的角色扮演治疗。咨询师扮演母亲的角色，来访者扮演胎儿时的自己。

> 母亲："妈妈的第一个孩子流产了，现在怀着你也有些害怕和不安，但妈妈相信你一定会顺利出生的。妈妈会好好地保护你。没关系，别害怕，安心地来到这个世上吧。"
>
> 来访者："谢谢妈妈，我也会加油的。"

通过这样的治愈技法，这位女性的胎儿期印象得到了改善，一直以来困扰着她的不安与恐惧也转变成了安全感。以下的感想是她的原话："自出生以来，我第一次发自内心地体会到了什么是安全感。"在那之后，我收到她的信息：之前的甲状腺激素过剩的症状得到了改善，原定要进行的肠梗阻手术在她去医院检查后发现也不需要进行了。

这位来访者原本并不知道母亲在怀自己时感到不安和其理由，但她的大脑却清晰地记录下了当时"母亲可能无法保护自己"的感受，这使她的人生中充满了害怕会随时被抛弃的恐惧感。从这一案例可以看出，前世代的人所经受的创伤，会通过父母的声音、动作等情动信号以及通过母亲的子宫，一代代传递给后世代的人。

• 你的重要环境——父母

假如你的父母是相亲相爱的一对，在他们的翘首期盼下，你来到了这个世界上……想到这里，你一定已经感到非常幸福，并充满了生存的力量和勇气吧！反之，如果母亲粗俗没有教养，父亲十分蔑视她，你在父母无休止的争吵中长大……你的心情如何？一定十分沉重，不知道自己为什么来到这个世界，甚至连想死的心都会有吧。

"父母印象"掌握着孩子幸福与健康的钥匙，是我们的重要"环境"，是"记忆"的要因。为了满足三种爱的欲求，没有心理创伤，我们需要为父母所期待出生在相亲相爱的家庭中，成长在父母无条件的关爱下。

然而，现实世界中极少能有这种理想的父母。生活中真正会出现的虽然不至于是最差劲的父母，但"这样做，那样做"地对你指手画脚、严加管教，而在你真正遇到困难时却没能守护你的父母才更加真实常见。其实，并非是你得不到关爱，而是只能得到一种带有附加条件的爱，也就是只有你当个乖孩子、好好听话才爱你。如果不这样做，就可能就会被抛弃。这是一种会让人产生潜在恐惧感的爱的方式。

有条件的爱会让孩子感到"被抛弃的恐惧"（遗弃感）。如果在被欺负、无力抵抗时，父母又没能守护自己，生活在这样的父母身边的孩子会产生一切只能靠自己的想法。而大多数孩子在实际生活中尝试过凡事只靠自己并失败后，就会产生"自己是个什么也做不成的没用之人"的自我否定感。更糟糕是父母关系冷淡并且自己的出生又是不受欢迎的情况。在胎儿期体验的生命危机会打消孩子生存的力量和勇气，一生的幸福与健康都受到损害。

在父母这一环境中产生的"遗弃感""自我否定感""生命危机感"的背后，潜藏着"害怕""恐惧""愤怒""悲伤"等否定的感情，这其中每种都是我们想要回避的。因此，当人们试图直面这些感情时，就会下意识地启动心理防御机制，将能量切换至别的出口，来回避面对这些感情。在不断回避的过程中，这种回避行为就变成当事人的行为特性被固定下来。

为了回避而切换的出口因人而异，比如"行动系"的人会出现工作依赖、地位依赖、性依赖、关系成瘾症（co-depen deney）、酒精依赖、烟草依赖、食物依赖、购物狂、赌博成瘾、偷窃依赖、自残依赖等行为症状；"认知系"的人会出现神经质、抑郁等精神症状；"身体系"的人会有身心疾病、自我免疫疾病、恶性肿瘤等身体症状。

从某种意义上说，最棘手的是以工作、地位等依赖为出口的行动系。因为很容易自得其乐地陷入自我满足之中，无论当事人还是周围的人都很难察觉到问题。但在进入中老年后，就发展成抑郁症、癌症以及心肌梗死等能直接威胁到生命的重症。虽然要觉察到自己借由其他出口在回避面对自己的感情并不容易，但还是必须尽早知道这些行为特性其实是我们充满生命危机感的灵魂的呐喊。

● 重建父母印象

你对父母的印象大体可以通过家庭内的"情绪支援网认知量

表"（见表3-8）得知。另外，你对自己的印象也可以通过"自我价值感"（见表3-9）量表进行测量。请将两个量表的得分比较一下看看，是不是在差不多相同的水平呢？

拥有消极父母印象的人，相应的自我价值感也低，而自我否定感会高。"我没有成为幸福者的价值""我的存在没有意义"，但凡像这样自我否定的人，他们的父母之间肯定关系不和。还有那些父母间问题很多的孩子也一定不会觉得自己幸福。即便如此，仍然感觉自己很幸福（自我价值感得分较高）的话，那么此人的"感情认知困难度"（见表3-10）或"自我解离度"（见表3-11）的得分一定是高于正常平均值的。感情认知困难是指比如明明应该很痛苦的时候却不觉得痛苦的状态，而自我解离是指将自己的事当做陌生人的事来冷眼旁观的状态。

表3-8 情绪支援网认知量表

（在你周围有如表中描述的人物存在吗？）

	检测项目	家庭内		职场内		其他	
		有	没有	有	没有	有	没有
1	一见面就能感到安心的人	1	0	1	0	1	0
2	平常能敏感地觉察到你的情绪的人	1	0	1	0	1	0
3	平常能给予你一定的评价和认可的人	1	0	1	0	1	0
4	信任你，让你按着自己的想法去做事的人	1	0	1	0	1	0
5	对于你的成长和成功，就像对自己的事情一样真心感到高兴的人	1	0	1	0	1	0
6	能对之倾诉个人心情和心里秘密的人	1	0	1	0	1	0
7	能互相畅谈各自的想法和对未来的期待的人	1	0	1	0	1	0
8	能容忍你的人	1	0	1	0	1	0
9	能赞成并支持你的想法和行动的人	1	0	1	0	1	0

续表

检测项目		家庭内		职场内		其他	
		有	没有	有	没有	有	没有
10	能互相沟通感情的人	1	0	1	0	1	0

低：0~5分；中：6~7分；高：8~10分。每组得到如果在8分以上，则在该团体中一定存在认可自己、爱护自己的人。6~7分则意味着稍稍缺少这样的人存在。5分以下则意味着你对此不抱有希望。

表3-9 自我价值感（Self-Esteem，M. Rosenberg，宗像恒次译）

（请在与你平时的心情和想法最相符的项目上画旁○，然后将分数相加算出总分）

序号	检测项目	画○	非常相符	大致相符	不相符
1	大体上对自己感到满意		1	1	0
2	有时感觉自己非常无能		0	0	1
3	觉得自己有很多优点		1	1	0
4	一般人能做好的事，自己也能做好		1	1	0
5	觉得自己没有值得骄傲的地方		0	0	1
6	有时感觉自己毫无作为		0	0	1
7	觉得自己至少与别人有相同程度的价值		1	1	0
8	觉得自己要能更尊重自己一点就更好了		0	0	1
9	觉得自己好像做任何事都做不好		0	0	1
10	所有的事都会往好的方面去想		1	1	0

0~6分→低，有想要改变自己的想法；7~8分→中等程度；9~10分→高，对现在的自己感到满意。

表3-10 感情认识困难程度

（请在与你平时的心情和想法相符的项目旁画○，然后将分数相加算出总分）

序号	检测项目	画○	总是这样	是这样符	不是这样
1	对自己爱动感情感到羞愧		2	1	0
2	总的来说，我是能让别人依靠的人		2	1	0

续表

序号	检测项目	画○	总是这样	是这样符	不是这样
3	对不随便动感情的自己感到安心		2	1	0
4	自己是属于不愿意向别人诉苦的人		2	1	0
5	对能够自立的自己感到安心		2	1	0
6	对依靠别人的自己，感到不能原谅或感到羞愧		2	1	0
7	自己是属于不愿意让别人看到自己软弱的人		2	1	0
8	不擅于依靠别人		2	1	0
9	有时连自己也弄不明白现在到底是什么样的感情和心情		2	1	0
10	自己有不明原因的腹泻、便秘、头痛、腰痛、肩酸痛、过敏反应等慢性症状		2	1	0

0~6分→弱；7~9分→中等程度；10分以上→强。

表3-11 自我解离程度

（请在与你平时的心情和想法相符的项目旁画○，然后将分数相加算出总分）

序号	检测项目	画○	总是这样	是这样符	不是这样
1	当全神贯注地注视自己的另一个自我存在时就会感到安心		2	1	0
2	即使遇到可能让自己的内心产生动摇的重大问题，也能冷静地应对		2	1	0
3	有时会觉得自己的事情好像完全是他人的事情那样		2	1	0
4	即使是在自己惊慌失措的时候，只要有一个能注视自己的另外一个自我在的话，就能感到心里安稳		2	1	0
5	感到自己就像对待他人的事情那样，能冷静地观察、客观地评价自己		2	1	0
6	对于自己的遭遇，有时会像看待他人的事情一样，觉得"好可怜啊！"		2	1	0
7	当自己遭遇不幸时，如果没有注视自己的另一个自我存在的话，就觉得害怕		2	1	0

续表

序号	检测项目	画○	总是这样	是这样符	不是这样
8	曾被人说过自己总是面无表情		2	1	0
9	当自己痛苦时，如果有注视自己的另一个自我存在的话，就感到心里轻松		2	1	0
10	有时即便是自己的家人或对自己来说是重要的人物发生了重大的事情，也觉得像别人的事情一样		2	1	0

0～3分→弱；4～7分→有点强；8分以上→非常强。

也许有人会认为，自己是自己，在个性等方面已经跟父母完全不同。即使你希望真的如此，可现实是每个个体都活在一个超越世代的大网之中，有些事情不是凭个人意志为转移的。如果一个人无视自己心中负面的父母印象，不去处理，总有一天必然会出现身或心的问题。

或许父母仍然健在，或许已经逝去，总之现实中的父母是很难改变的。然而，印象中的父母却是可以改变成任何我们所希望的样子。SAT印象疗法正是运用"再养育印象法"这种方法来在大脑中重建父母印象的。

为了改变父母的印象，实施再养育印象法时需要根据来访者强烈的希望程度，追溯到祖父母、曾祖父母等更久远的前世代，先改变对他们的印象，之后以时间为轴顺移，直到出现能够养育出理想中的父母、理想中的祖父母。通过这种方式依次改变他们的印象，最终改变现在的父母印象。最后再追问来访者："如果你是被这样改变印象后的理想父母抚养长大，你会有怎样的心情？"当事人一般都会给出"鼓起了生活的信心和勇气"或是"感觉自己可以做自己真正想做的事情"等积极的反馈。相比咨询前，在咨询结束后表3-8"自我价值感"等量表的得分也会有飞跃性的改善。

我曾接触过一个多次自杀未遂的少年，在咨询过程中，他一直对我隐瞒了父亲是小儿麻痹症的事实。在一次意外的交谈中，我得知了这个情况，于是我采取再养育印象法按曾祖父母、祖父母的顺序改变少年对他们的印象，最后重建了一个没有患小儿麻痹症的父亲的印象。咨询治疗后，长期以来困扰着这个少年的"父亲觉得自己很丢人，不想让人看见，自己也不愿意见人"负面情绪消失了，并且他发现了自己不曾有过的希望和梦想，他说："觉得自己的人生焕然一新了。"

父亲患有小儿麻痹症这一事实是无法改变的，因此少年一直受困于这个无可奈何的现实。尽管他本人并不明确自己为何如此痛苦不堪。当他体验到即使无法改变事实，印象却是可以改变的时候，他像看到奇迹般地惊喜万分。重建父母印象后，对现实生活中父母的要求也会降低。少年感到"如果父亲出生、成长在这样的环境中，他一定不会说不出那种话，也不会做那样事"，他有生以来第一次对现实中父亲的生出温柔之心，对父亲的愤怒和羞耻感情也大幅度降低了。

再养育印象法的印象变更一般按下述步骤进行（请参照本书最后一页的"再养育印象法"）进行练习：

（1）为了让来访者拥有强烈渴望改变的愿望而进行动机强化咨询。

（2）明确阻碍自己改变的强烈情动（被抛弃的恐惧、自我否定的恐惧、憎恶、绝望等）。

（3）以这种强烈的情动为线进行退行催眠，使胎内印象再现。在退行催眠的状态下，确认理想的父母印象。

（4）询问父母是怎么被祖父母抚养长大的，而祖父母又是怎样被曾祖父母抚养长大的（现实印象）。接下来请来访者描述一个脚本（理想印象），即如果父母被怎样抚养长大，他们就会对自己充满关爱，或者说不会对自己造成伤害。

（5）重建印象：外祖父母在曾祖父母的期待下降临于世，健康成长。然后母亲又在外祖父母的期待中平安、健康地诞生。

（6）重建印象：想象夫妻恩爱的外祖父母对于母亲的出生笑得合不拢嘴，倾注了所有的关爱抚养母亲长大的印象情景。例如在大脑描述以下的印象场景：笑容可掬的外祖母给还是婴儿的母亲喂奶；外祖父体贴地给母亲洗澡。拉着外祖父母的手摇摇晃晃学走路的母亲。和外祖父母一起愉快玩耍的年幼时的母亲。在学校快乐地学习、玩耍的学龄期的母亲。还有青春期交到了好朋友，在外祖父母的守护下不断成长的母亲。

（7）对父亲同样按照（4）~（6）步骤的要点重建印象。

（8）重建印象：想象着在这样充满关爱的环境中成长的父亲和母亲走到了一起，两个人幸福地生活并怀上了自己。

（9）重建印象：运用步骤（6）的要点重新塑造一个自己被恩爱的、充满笑容的父母温柔呵护着抚养长大的具体印象。

到此为止，若对于父母的消极印象得以减轻，并能拥有喜悦和感恩的心情，再养育印象法就算完成了。

然而临床中会有些来访者无论如何都无法改变自己对父母的印象。这时，不必拘泥于一定要有被父母关爱的印象，爷爷奶奶、作为邻居的叔叔阿姨、公司的领导、实习的老师等都是可以的。只要来访者确信自己被爱着的，无论对方是谁都可以。如果勉强制造父母关爱自己的印象，可能反而会加重自我否定感。只要有当自己面对危机时有能拯救自己、爱护自己的人，就可以用这样的人来代替父母的印象进行再养育印象疗法。

为了避免直接面对前世代、胎儿期或幼儿期的创伤感情，人们会对父母提供的"环境"产生各自独特的适应方式。那些创伤感情是否会以问题症状的方式出现则取决于当下身处的"环境"。即使是过去的记忆中存在一些严重的未解决问题，只要当事人现在身处一个比较良好的环境，症状多半也会潜伏在水面之下。只有当记忆因子遇到环境因子作为催化剂时，才比较容易出现症状。

"记忆"（创伤记忆）与"环境"（压力环境），如果拿出决心来处理这两大因子，就能使因过去未解决的问题而产生的与健康、幸福相关的问题得以解决。也就是说，只要有决心有勇气去面对"记忆"（创伤）记忆与"环境"（压力环境）的问题，就一定能成为想成为的自己。通过前文介绍过的印象疗法就可能实现这一目标，并不像大家想象的那般难如登天。

第四章 从"生存伴侣"向"爱的伴侣"转变

- 你的丈夫也有酒精依赖吗？

在东京和其他大城市里，当末班地铁停驶后，肯定会看到一些酒气冲天的上班族在街头踉踉跄跄。尽管这样的人的出现频率要比泡沫经济时少很多，然而只能靠酒精来释放压力的寂寞故事至今仍在不断重复。

根据久里浜式酒精依赖筛选的试验（简称KAST，酒精依赖者的自我评价测试）数据显示，日本的工薪阶层人群中近70%存在酒精依赖情况，其中20%~30%为严重酒精中毒患者。如果你觉得晚上不喝点酒，一天好像就过得不完整，那很有可能你已经是酒精依赖了。

有不少丈夫在喝醉后会大发雷霆，甚至有暴力行为，然而多数妻子在这时会因害怕而委曲求全。在我接触的类似案例中的妻子们，大多数都曾亲身经历过自己的父亲借着酒劲掀翻餐桌、对家人施暴的情景。过去的那些恐惧感重新被唤起，让这些女性只能顺从丈夫，结果丈夫发现了可以支配妻子的方法因而变本加厉。类似于此，因为酒精而让夫妻关系走向极端的事情举不胜举。

根据我的调查，在日本80%城镇男性的乖宝宝度量表（见表1-1）得分在7分以上，90%农村男性的得分在7分以上。可以说日本男性几乎都是"乖宝宝"。

有实验报告表明，白鼠在被施加了拘束压力后（将白鼠困在网格里），脑内会持续分泌去甲肾上腺素。但在另一群有一根磨牙棒可咀嚼的白鼠里，脑内的去甲肾上腺素水平在短时内急剧升高之后开始呈现下降趋势。这意味着磨牙棒、酒精斗争等方式可以帮助白鼠控制压力。

那些不会明确表达自己的意见、甘愿做公司的一个齿轮、极力忍耐的"乖宝宝"们就像实验中不会说话、没东西可咀嚼的小白鼠一样。在西方发达国家，人们在面对持续失眠、精神不安定等问题时，肯定会去接受心理咨询或精神分析，然而日本人往往选择借酒消愁。

如果夫妻之间能彼此理解、交流感受，就会起到减轻压力的作用，像现在这样的酒精依赖社会也一定会渐渐好转。只是夫妻之间想有所改变，势必要求整个社会大环境先有所改变。有学者指出，日本的夫妻之所以很难发展成人生伴侣的关系，是因为根深蒂固的男女角色地位分工的关系。但是除此之外，我觉得日本企业的运行方式对此也有极大的影响，夫妻关系的问题是社会问题的一个缩影而已。

凡是公司的经营者都会担心经营情况，永远要与公司倒闭的恐惧作斗争。更不必说坐拥几万名员工的大公司经营者，他们几乎是生活在无边的恐惧感中。因为如果公司倒闭，不光是公司员工，包括员工背后的家庭，加起来可能会殃及数十万人。若是有很多分公司及合作伙伴的超大型公司倒闭，完全有可能造成百万人流落街头。为了避免这种恐怖事件发生，经营者只得要求员工必须克己奉公，进行人海战术。于是，员工们每天工作到赶末班车的时间，周末加班，想着："这样没日没夜地工作，就应该可以活下去吧？"这就是将公司视为命运共同体的极端日本式的经营方式。

此外，以 IT 领域的一些新兴企业为首，出现了所有员工都持股、公司收益员工共同分红的模式。这些企业认为比起公司盈利，让每一个员工的生活水平提高也很重要。在这样的公司工作，虽不能消除压力，但起码可以进行压力的自我管理。只可惜这种企业在社会整体中所占比例是那样的微乎其微。对日本大多数工薪阶层而言，公司就是一个以自己的生命为代价，换取整个家庭生活保障的地方。

第二次世界大战后，日本的经济大繁荣正是由这种克己奉公的精神奴化所支撑。这虽然带来了物质上的丰富，但也导致了男女角色分工进一步加剧，夫妻间的连接也日渐脆弱。夫妻间的矛盾，实际上是以企业的运营方式和习惯为主的社会矛盾的体现。

虽然仅凭个人的力量无法撼动整个日本企业的运营方式，但也不能就此坐以待毙。精神奴化的日本式社会所带来的病理性的危害，势必会落在被无力感侵蚀的个人身上。很多人只有在为了公司拼命达到身心极限、因抑郁症或癌症倒下来的时候，才会幡然醒悟：自己根本不知道为了什么就这样一路打拼到了现在。

● 出人头地和家庭，孰重孰轻？

冈村保之（60岁）因偏离了自己设计好的出人头地的轨迹而陷

人失意的人生，最终罹患癌症病倒了。他毕业于一流大学，就职于一流企业，在公司里也是沿着精英路线晋升，为了出人头地，他主动要求前往海外任职。保之就是这样一个典型的"乖宝宝"，一心为了让父母高兴而努力着。

妻子对保之潜在的不满，在保之父亲去世后凸显。保之以"结婚前答应好的事"为由，强硬地让妻子开始照顾婆婆的生活。事实上，在更久之前还发生过一件事，妻子的母亲突然病倒，但却因保之的反对，妻子没能回家照顾母亲。如今妻子在照顾婆婆的同时，她心中的不满也在逐渐膨胀，最终导致了夫妻关系急剧恶化。

就是在这个节骨眼，公司来询问保之是否有意愿出任海外分公司的副社长。对男性而言，这是决不该拒绝的好机会、出人头地的最后一个跳板。尽管如此，保之还是没办法跟照顾着自己的母亲并且仍在恶战苦斗中的妻子开口请求，他苦涩地拒绝了公司的邀请。虽说公司看似在征求他的意向，但拒绝公司的提议就等于违抗公司的意志，他在公司想要出人头地的路算就此终结了。从那以后，他身陷被放弃的恐惧感和自我否定之中，被各种遗憾的心情所包围。我想就是这些负面的感情让交感神经慢性地、长期地处于紧张状态，体内产生大量活性氧自由基，在10年后引发了保之的癌症。

在孩子身上也表现出家庭扭曲的影子。保之的儿子学习成绩十分优秀，考入大学读医学并顺利毕业，但他却"不打算当医生"，也不愿意参加国家考试，甚至也没有从事其他事业的想法。诸如此类夫妻、家庭的问题与作为其生活基础的公司问题是分不开的。对于人过中年的夫妻而言，还要牵扯到父母的赡养问题。

保之将照顾母亲的工作推给妻子，他也是过意不去的。正是由于他感受到良心的谴责，在作出选择时他已经有了可能成为败者的觉悟。但作为公司而言，为了自身的存亡，是不会去特别考虑每个个体的想法以及他们的家庭情况的，更不必说去顾及那些守卫后方阵地的妻子们的想法，她们的想法从来都是被无情地忽视。

身为妻子，一方面当然会尽量对自己说"一切的牺牲都是为了丈夫能出人头地"，然而被她们压抑的"想要活出自己的人生，发挥自己的价值"的想法终究会爆发，夫妻之间的冲突也会出现。可是冲突终究抵不过男女角色分工这种社会习惯的存在，故事的结局总会是挣钱多的一方取得胜利。即使原本深爱着彼此的夫妻，也可能被社会矛盾无情地玩弄于股掌之间而沦落到互相伤害的局面。夫妻间的爱拥有着能够战胜癌症的力量，然而很多夫妻为了等到这种绝不动摇的爱的出现，一直在勉强维持着如履薄冰的夫妻关系。

• 没有不希望自己妻子幸福的丈夫

在第二次世界大战后，在男女平等理念为主导的教育背景下成长起来的男性在婚后不仅要为公司鞠躬尽瘁，在家庭生活中也被要求分担家务、帮助照顾孩子，可谓是家里家外完全没有了喘息的空间。尽管如此，我们也还是常常可以听见妻子们的责难："我们家老公连垃圾分类都不会""洗好的衣服都不知道怎么晾""洗个碗筷都笨手笨脚"，但在我看来，试图控制丈夫这种做法真的可以说是战略上的失误。对丈夫的责难只会打消他的积极性，不如就以坦诚的态度告诉他："来帮个忙好吗？"丈夫们一定会很乐意帮忙的。第六章会详细介绍夫妻沟通交流的方法。我认为，日本的夫妻真的很有必要好好学习一下如何传达心意的交流方法了。

只需一睹日本的企业战士们在欧美任职时的生活状态便会发现，

尽管在日本过着"吃饭、泡澡、睡觉"的生活，可到了海外还是会理所当然地做起了家务。虽然常常听一些妻子说起自己老公回国之后立刻重拾大男子主义的架子，让人非常失望，但当越来越多地接触已经抛弃了性别分工这种社会旧习的欧美文化，日本的丈夫们并不抵抗分担家务及育儿的职责。就像那些到海外任职的人用亲身经历表明的一样，个人其实做好了随时跟社会变化一同改变的准备。

身为丈夫，他们并不想端出性别分工问题来为难妻子。妻子想要参与社会活动，其实丈夫们也是真心希望可以让妻子做她们想做的事情。如果妻子做自己想做的事能感到幸福，那对丈夫而言也是一种幸福，不是吗？哪个丈夫不希望与自己相遇、相爱、相知共度一生的妻子获得幸福呢？因此为了妻子的幸福，尽管他们笨手笨脚，也努力去做家务，帮忙带孩子。

为了能让所有夫妻重新回到这种有爱、有交流的状态，社会必须发生改变。否则，像上面提到的夫妻悲剧还会不断上演，夫妻二人在公司的逻辑、社会的逻辑中互相伤害到遍体鳞伤，最终没有经济能力的妻子只得选择屈服于丈夫而默默忍受这一切。

要想成为有爱、有交流的夫妻，还有一点十分重要，那就是遇到问题时要从"夫妻间相濡以沫"这一角度考虑。特别是关于父母赡养等问题，不要以男权家长制下"家"的角度来处理，而是以相互扶持的"共同体"角度来考虑，这样就可以避免总是让妻子单方面作出牺牲。我和妻子也是从这个角度出发，很好地处理了赡养父母的问题。我的父母虽然年迈，但仍精神矍铄，因此我决定首先将让妻子挂念、独自生活有困难的岳父接到家中一起生活。

我的这种想法其实是从父亲那里学到的。父亲出生于大正年间，同辈的兄弟无一不是典型的封建大家长式的人物，面子上从来不曾关心过自己的妻子。然而我的父亲却主动提出要照顾岳母的饮食起居，他既非受母亲的请求，也不是想让母亲感恩，完全是一种理应如此的态度。看着父亲做法，我也自然地认为"所谓夫妻就应该互相帮助，相濡以沫"。

上文的事例中缺少的正是这种思考问题的方式。明明对妻子的父母无情地舍弃，却在面对自己父母时以"结婚前答应好的事"为由，强硬地要求妻子照顾婆婆。其实不管是否有过婚前的约定，当问题发生时，应该能者上。如果那位丈夫能有这种灵活变通的思维，也就不会对妻子造成伤害。有了良好的夫妻关系，就算后来在公司前途灰暗，也不至于发展到癌症的地步。夫妻间如果有着强有力的爱情纽带，就会产生强大的免疫力来战胜人生逆境所带来的压力。

• 为什么不能成为爱的伴侣

父权家长制下形成的性别角色分工的夫妻关系形成于连吃饭都成问题的时代，在当时来说具有某种意义上的合理性。如果将这种旧的夫妻关系称为"生存伴侣"，那么当今时代所需要的则是"爱的伴侣"。不可否认，现在仍有为了生存而结婚的人，但即使是这样的人也会渴望与另一半之间是以爱为连接的"爱的伴侣"吧。可以说诸如少子化、晚婚化等足以影响日本未来的社会问题，都是因为进入渴求"爱的伴侣"的时代后产生的。年轻人追求的是"爱的伴侣"，可他们也十分清楚无论是公司还是社会的逻辑体系都在阻碍着这种关系的形成，因而他们才会在结婚、生子的问题面前踌躇不前。

这些年轻人的父母多是出生第二次世界大战后的第一次生育潮，可以说是最后的"阿信"世代。尽管他们结婚时正处于日本的经济

第四章　从"生存伴侣"向"爱的伴侣"转变

快速发展时期,但国家整体经济水平仍很贫乏,很多人为求温饱迫不得已只能选择"生存伴侣"。然而现在40岁以下的人却是衣食无忧的一代,他们对真正的饥饿、贫穷完全没有概念,因此必须要注意到这种世代间的差距和时代背景对人的影响。

可以说为求温饱的生存伴侣是以"有条件的爱"维系在一起的。支持丈夫为前途打拼、出人头地,这是妻子得到爱情的条件。她们很清楚如果违背丈夫就会被抛弃,所以即使面对辛酸苦楚,她们也默默忍受。这种悔恨和无望的感情就通过子宫传递给了孩子。母亲的不安与紧张会促使去甲肾上腺素的分泌,就像百米冲刺后的那种心跳加快的紧张感在10秒内就会传到胎儿体内。另外,前文有提到,母亲的紧张会引起交感神经兴奋,使子宫壁变得僵硬,血液循环不畅的子宫内温度下降,这些都会作为身体感觉记忆传递给胎儿。

可是时代终究会变,坚忍的妻子和母亲可以不断复制的时代已经结束了。当下生活在衣食无忧中的下一代有着和父母一辈全然不同的夫妻观。那就是要以无条件的爱为基础结成"爱的伴侣"。不过现实毕竟与理想有很大的差距,原因就在于一直在世代间传递着的创伤记忆还处于未解决的状态。

通过母亲子宫传递的未能得到满足的爱的欲求,化作恐惧的创伤为孩子所记忆。只要这些创伤没有治愈,孩子将永远无法爱自己,一个不爱自己的人也无法去无条件地爱他人。所以尽管他们渴望着有情有爱的伴侣,结局还是会和父母一样,成为被有条件的爱所束缚的生存伴侣。事实上有相当多的年轻夫妻对自己的婚姻感到失望,虽然他们不像父母那一辈觉得夫妻就是那么回事,但年轻夫妻中存在的问题可能从根源上更加严重。

第五章 是该离婚，还是重新修复关系？

• 10年，我的忍耐已经到了极限

"被父母逼婚了""年纪到了不得不结婚""没信心能单身过完一辈子"，在我们周围由于这样的理由而随便找个对象结婚的人似乎比想象中的还要多。如果说婚姻的起点就不是爱，那么当两人之间出现问题时也容易觉得无可奈何而轻易放弃。那么婚姻之初就相信"这个人肯定会爱着我""和这个人结婚一定会幸福"，这样的婚姻就会白头到老吗？现实是这样的夫妻间也还是会产生各种问题。这是因为有前文介绍过的心伤感情记忆的存在：在本该被爱、被守护时却没能得到爱和守护；不管周围人怎么看，自己本该相信并守护自己时却没能守护；或者没能全身心、无条件地去爱应该爱的人等种种未解决的心伤感情记忆。这些记忆以子宫为媒介，储存在胎儿大脑的杏仁核中，跨越世代，不断地从上一代传递给下一代。这些根源性的问题一旦有机会浮出水面，男女双方对对方的期待和不满就会放大，甚至"这场婚姻根本就是个错误"的消极想法甚至开始不断在他们脑海中闪现。

事实上，真正的夫妻关系就是从这里开始形成的。甚至可以说如果事态不发展到这一步，夫妻关系是无法真正地建立的。没有任何问题的夫妻只是两个人一起生活，却无法使两个世界最终合二为一，而只能各自在自己独立的世界中完结一生（自我完结）。只有结成夫妻关系并开始出现种种问题时，才是成为真正夫妻的起点。

人类会在无意识中受自己成长脚本的调动，为了实现"我要成长""建立真正的关系"等想法而自己制造出问题。换言之，成长总是伴随着"痛苦"的。大多数夫妻在问题出现后会暂时停下来，然后决定是向前一步解决问题，还是就此转身离开。其实在双方共同面对的问题中暗藏着许多能指引双方构筑全新的夫妻关系的启示，然而很多夫妻不是选择努力去寻找，而是选择了妥协与放弃。或许过去已经有过太多的妥协、放弃、忍耐，人们都早已习惯，选择这样的路从某种意义上而言反而会更轻松一点。

万事开头难。去挑战没有做过的事情时，谁都会有畏惧心理，更何况面对这种根源性的问题，相当于是在直面胎儿期时经历的生命危机的恐惧，害怕是理所当然的。可是如果夫妻能够双方并肩作战，以认真的态度共同面对和解决彼此的问题，那么这个过程就会变得开心难忘。因为在这一过程中，夫妻双方的联结会更加紧密，感受到对方是无可替代的存在，而这才是婚姻本身能为结合在一起的男女双方带来的最大幸福。

但也有的夫妻在着手解决问题后，依然踏上了离婚的路。我认为这种结局也是解决问题的一个选项。如果这是在夫妻之间互相磨合碰撞之后积极地面对和解决问题而得出的结论，那么对于双方来说，无论是当初的结婚还是现在的离婚，都不会是白白发生的没有意义的行为。即便是对对方只有愤怒与憎恶的尴尬离婚，只要你愿意从中学习，它们都会是我们自我成长过程中有重要意义的经历。

当产生"这场婚姻根本就是个错误"的消极想法时，解决问题的选项大体上就是上述两种，或者是夫妻合力解决问题，或者就分道扬镳。

本书的宗旨是希望大家都能走上前一种道路，然而现实中还需具体问题具体分析，在有些情况下结束关系也不失为一种好的抉择。如果长期处于既对问题视而不见、不去碰触，又无法迈出离婚这一步的状态，那么因期待长期得不到满足而堆积的压力就会诱发甲亢、类风湿性关节炎等自我免疫疾病，甚至是抑郁症或癌症等严重的身心疾病。根据我的临床经验，对于性格认真的人而言，在这种既不解决问题，又不能分手的状态中，他们最多勉强支撑 10 年。如果是对人对事更加一丝不苟的人，这个临界点则会来得更早。面对问题是选择夫妻双方共同面对还是分手，在慎重考虑作出决断的那一瞬间压力就会消失，但若是无法作出决定而一直处于迷惘之中的话，负能量就会像寻求释放出口的岩浆，总有一天会来一个大爆发。

• 还爱着，却分手的夫妻

佐佐木和子（53 岁）对于是否要离婚一事犹豫了 10 年之久。她前来接受 SAT 印象疗法也不是为了婚姻问题，而是想通过心理疗法治疗她的突眼性甲状腺肿。阪神淡路大地震后非常多的受灾者都患上了突眼性甲状腺肿，从中我们可以看出这种病极容易在强烈的恐惧感下发作。

和子经营着一家与治愈系相关服务的公司。公司的老板一般都有着强烈的恐惧心理，特别是那些白手起家的第一代，经常会表现出强烈的工作依赖心理特性。为了达成目标，他们整天埋头于经营及管理事务。这是因为只有让大脑的前额叶皮层保持高速超负荷运转状态，杏仁核中储存的恐惧、愤怒等创伤感情才可以得到抑制。

在和子幼年时，父母离婚，她跟随母亲生活。母亲再婚之后，便对和子不闻不问。与父亲的再次相见是在他的葬礼上，和子说，当站在棺材旁边看着父亲的样子时，心里只有一种声音"原来这个人就是爸爸啊"。离婚后代替父母抚养和子的是外公和外婆。被父母遗弃的和子在这样的环境下注定要成为一个乖宝宝，因为如果再被外公外婆遗弃，她就真的是无家可归了。

正是这种被遗弃的恐惧感，促使她走到了公司经营者的地位。她的公司经营的是当下流行的治愈系服务，例如芳香疗法、反射疗法以及按摩等。大多数选择这种与治愈系相关工作的人，其实在内心深处都抱有深深的创伤，正是因为他们自身渴望被治愈，才会产生也要治愈别人的想法。想通过治愈别人来治愈自己，通过为人所需要来寻找自我存在的价值感。

突眼性甲状腺肿发病之初，和子并未意识到问题的严重性。直到病情急速发展，甚至朋友都问"你的脸是怎么回事"时，和子这才觉得自己身体有些异常。对此病的治疗一般采取外科手术切除部分甲状腺体，或使用抗甲状腺剂抑制甲状腺的功能。和子在朋友的催促下，到医院进行了持续药物治疗。但促使甲状腺功能亢进的自我免疫性抗体是很难用药物轻易抑制的，和子在长期用药后病情并没能得到缓解，因此她抱着对SAT印象疗法的期待前来向我求助。

对于和子，我同样采取退行催眠法唤醒了她胎儿期的印象。然后在她想象自己位于产道、即将出生的印象时，我问她："是谁在身边等着你的降临？"一般来访者都会回答是爸爸或妈妈，然而和子却回答是外公，并且她说："能十分清楚地看到外公的脸。"事实上，和子出生时，外公确实守在旁边。

和子清晰地感受到外公在等待着自己的降生，这一时刻她开始意识到"有人一直在爱着自己""尽管爸爸妈妈不在，但还有外公在爱着我"，如果她把被遗弃的恐惧感永远封存不去碰触，可能一生都无法回想起这段"被爱的记忆"。

仅在这一次咨询后，一直以来靠药物都无济于事的自我免疫性抗体数量开始下降，和子的病情逐渐缓解，三个月后更是可以不再服药。对于突眼性甲状腺肿，只要将恐惧的创伤感情（对和子而言是被遗弃的恐惧感）消除，就可以自然治愈了。另外，连她本人都没预想到的是，在病情完全治愈的同时，一直困扰着她的离婚问题也终于可以作出决断了。

和子虽然想离婚，但一直未能真正决断，这是因为她欠缺被爱的记忆，并且存在被遗弃的恐惧。因此，她才会期待配偶能满足自己对爱的欠缺，这使她更加依赖婚姻关系，想要紧紧抓住婚姻这根救命稻草。和子对离婚犹豫不决的10年，可以说就是她对丈夫不停期待的10年。期待得不到满足的痛苦长期持续所带来的压力最终导致突眼性甲状腺肿病发，不过和子说，在很久以前，她其实已经有过面部神经痛等前兆症状。我已经看过无数个类似和子的案例，首先是某种前兆，然后发展为突眼性甲状腺肿或抑郁等病症，这时即使开始进行治疗，也会在10年后出现恶性肿瘤。

"原来自己曾被深深爱着啊"，和子在意识到这一点的同时，变得能正常地和丈夫沟通对话了。而在此之前，她一直生活在痛苦的自我精神斗争中，"没有人爱我，我根本不该活在这世上""老公应该是唯一能理解我的人，但他为什么不懂我的心""好想离婚，可

第五章 是该离婚，还是重新修复关系？

是离婚会伤了孩子的心，我不能离婚"，她没能与丈夫交流内心中的这些感受。但在她唤回了被爱的记忆后，她变得能够与丈夫、女儿交流自己最真实的想法。并且她主动提出"与其被名存实亡的夫妻关系所束缚，不如就此分手，各自去过自由的生活"，向丈夫提出了离婚。

和子的女儿住在国外。在那些家境宽裕但父母关系并不和谐的家庭中的孩子，多数会像和子的女儿一样选择在海外留学、工作或长期旅行等方法远离父母生活。这大概是因为长期生活在关系紧张的父母身边，会让他们开始怀疑自己出生的意义，变得自我否定，自我存在的价值感也会受到挑战。离婚后，和子的丈夫在给女儿的信中写道："如果再结一次婚的话，我还会选择你的妈妈。"我想，对女儿和子的而言，没有比这封信的内容更让她欣慰的事了。

在夫妻不和的家庭中，孩子很容易找不到自己来到这个世上的意义。然而这个女儿的情况不同，虽然自己的父母离了婚，但他们因此收获了自由的心灵，各自变得更加幸福，作为他们的孩子自然能感受到自己出生的意义："被幸福的父母爱着的自己也很幸福，我也有存在的价值"。听说，离婚后，他们一家三口偶尔还是会心平气和地互相邀约，坐在一起其乐融融地吃一顿饭。

像这个例子一样，也有些夫妻通过分手产生自我变化，反倒变得能互相尊重，意识到对方的出现是自我成长中所必需的伴侣，能够重新去感受那份爱。也就是说，爱并非只是两个人形式上在一起，有时候与其囿于夫妻名分让而对方和自己受折磨，倒不如让双方从苦痛中解放出来，这样反而能够开始互相给对方真正渴望得到的爱。

● 希望你做回真实的自己

为了成长为真正的夫妻关系，"本来的自己"这一概念是关键的钥匙。"本来的自己"是指被无条件地爱着时的自己，被无条件地爱着而能够保持自己独特个性的自己。遗憾的是绝大多数人无法想象本来的自己是什么样子，甚至没有意识到还有这样一个自己存在。

在SAT印象疗法的再养育印象法中，我们会进行印象的转变，重建一个理想的祖父母印象，然后由这样的祖父母养育出理想的父母，咨询的最后通过"假设你在这种理想环境下长大，你会成为怎样的一个人？"这个假设法，让来访者重新建立一个被父母充满关爱地抚育成人的自我印象。"成为有自信的，能从容地做自己喜欢做的事的自己""我会非常开朗、阳光、坦诚"等，虽然对于这个问题的答案因人而异，但所有人都表现出相同的诧异和喜悦："啊，我竟然也能成为这样的人！"本来的自己正是像这样，能够全然地做自己，能够欣然地接纳自己。SAT印象疗法也正是一种尽可能去发掘最接近真实自己的自我印象，并且帮助来访者在现实生活中也能够越来越接近本来的自己的心理疗法。

人过中年后会变得害怕去认识真实的自己，会觉得即使这把年纪发现了真实的自己也无济于事，人生已不能从头再来，还是不知道为好。可是发现本来的自己、了解自己的真实面貌是那样精彩的一件事，能为人生增添数倍的快乐。尽管你所处的生活环境可能不会发生任何变化，但我相信你一定可以感受到活着本身就是一种幸福。

如果妻子和丈夫都是真实的自己，他们一定非常恩爱、性情相投。患了突眼性甲状腺肿的和子如果从一开始就能做本来的自己，她或许也不会成为一名公司经营者。有很多女性的行为举止比男人更男人，多数是由于父母原本希望出生的是男孩，她们都有各自不得不压抑自己的性别特征的理由。和子并不属于这种情况，据说丈夫对她最初的印象是"这是一个温柔而有魅力的女人"，一点也看不出经营者雷厉风行的架势。或许丈夫在那时就看透了和子的真实性格，而且被真实的和子迷住了。和子之所以在日后逐渐变得像男性一样拼命地经营公司，正像前文所述的那样，是因为她只有通过这样做，才能忘记被遗弃的恐惧感和对自我否定的恐惧感。

在被称为女性时代的社会中，越来越多的女性选择走出家庭，发挥自己的经营手段奋斗创业，丝毫不逊色于男性。女性在社会中愈加活跃的身影值得肯定，但如果这并非是她们真实的面貌、本来的自己，那么这样的女性绝不可能因此而幸福。夫妻间之所以会产生各种纠葛，正是因为对方是命运派来帮助你寻找真实的自己的那个人。肩负着如此使命的丈夫们，绝不可以对问题置若罔闻。

● 选择陪伴妻子左右

也有一度绝望而放弃的妻子，以及选择从头开始的丈夫。相泽秀一（52岁）和妻子的无性婚姻始于妻子对他的不满，每天都要求他不要光顾着工作，早点回家。可没想到丈夫不但没有倾听妻子的诉苦，反而开始疏远妻子，妻子的身体因此每况愈下，整日卧病在床，他们的孩子因为得不到妈妈的呵护，也开始拒绝上学。这个家庭仿佛是各自单相思的三角恋爱关系。

终于有一天，妻子被确诊为抑郁症。直到这时，秀一才开始意识到家庭危机的严重性。一直以来，秀一冷漠地认为问题在于妻子不理解、不支持自己的工作，等待妻子作出改变的秀一第一次意识到自己本身可能也有一定责任，因此他能够重新审视他们的夫妻关系了。本书第一章中已经介绍过，对于抑郁症的来访者，SAT印象疗法不会直接对其本人进行咨询治疗，而是会从来访者身边最亲近的家人开始，这样会更有效果。秀一夫妇夫妻也是这样。在我对秀一解释了SAT疗法的理念之后，他主动提出要先接受咨询。

根据秀一的描述，他妻子的外婆长年困扰于自己丈夫的出轨行为，有时外公泡在第三者家中不回来，外婆就会打发女儿（妻子的母亲）去把外公接回来。或许是受这种成长环境的影响，妻子的母亲是一个情绪极不稳定、脾气暴躁的人，只要有人稍微不顺自己心意就会十分愤怒，甚至会否定对方整个人格。秀一的妻子从童年开始就畏惧这样的母亲，在疏离和缺少母亲爱抚中长大。

妻子为了保持平静的心绪，必须要与母亲保持一定距离。因为即使听到母亲发怒的声音，恐惧的记忆也会在妻子心中闪回。能够保护妻子的只有丈夫秀一，但他却在这个时候表现出回避、没勇气面对问题。咨询中，我才发现这一切是缘于在秀一的心中也有曾经被遗弃的恐惧感。我想是父母的离异造成了他逃避问题的心理特性。当秀一将父亲的印象变为温柔的父亲，重塑了父母不会离婚、幸福美满的夫妻印象后，他才第一次拥有了能够直面问题的勇气，并且决定要用坚定不移的爱来支持妻子。

然而对于扭曲到如此程度的夫妻关系来说，要想真正改善必须有一定的方法论支撑。我与秀一共同考虑的具体方法是：对于妻子的话不可以仅按字面意思去理解。在她的话语中，潜藏着在生育环境中一直受到压抑的、无法用语言表达的讯息。秀一其实不必一一回应妻子口中的那些不满与怨言,而是应多花力气去认真解读这些怨言后面的信息。秀一还表示"要尽可能多地抽出时间和家人一起度过,也要多拥抱妻子",他将这一切都付诸了实际行动。

大家一定经常听说妻子是如何对抑郁症丈夫不离不弃的故事,却很少听说过相反的情况。其实秀一并不特别,只是他意识到了妻子对自己而言是一个无可替代的存在。妻子也同样有直觉,丈夫就是那个能够拯救自己的真命天子,因此才会为了重新找回丈夫的爱不惜患上抑郁症。像这对夫妻一样,如果彼此深信对方就是自己命中注定的那个人,他们就会超越丈夫和妻子的角色界限,两个人的关系就会脱胎换骨,最终成为紧密联结在一起的灵魂伴侣。

● 绕了一个大弯后和好如初的夫妻

来访者水谷规子(47岁)在"丈夫虽然是个好人,但总觉得缺点什么"这样长期不满的状态下患上了乳腺癌。癌症一向被认为是消极情绪长期持续的结果,无论是抑郁症还是癌症,都与恐惧的极端压力状态有关。癌症则是由于恐惧感造成活性氧的大量分泌,伤害到了遗传基因所致。

通过退行催眠至胎儿期,我清楚了规子的恐惧创伤感情来源:在胎内时,她原本有一个异卵双胞胎的弟弟,然而弟弟没能出生,死在了胎内。大家可能觉得这种事听起来不可思议,但事实上这是经常发生的事。有研究数据表明,在胎芽期(对怀孕初期胚胎的称呼),通过B超确认为双胞胎的40例中,有13例最终因流产或变成母体营养被吸收消化掉。规子出生时是单目失明的假死状态,可见其所在的子宫内环境之残酷。通过胎儿期的退行催眠进行记忆再生，规子看到了弟弟就在自己眼前死去的恐怖情景，而且自己没能帮助弟弟活下来的潜在的罪恶感，给规子的一生蒙上了一层阴影。

当夫妻中某一方被告知是癌症晚期时，双方就会形成"将死之人"与"继续生活之人"的态势，这很容易在二人之间造成不可跨越的鸿沟。在自己被死神盯住不放的时候，配偶却表现出一副事不关己的样子，再没有比这更孤独、更恐怖的事情了。规子就是在这种的状况下结识了一个同为癌症晚期的病友，并产生了柏拉图式的爱情。对方虽然比规子年纪小，但他在自己的生命也所剩无几的时候却仍然十分关心规子，用坚定不移的爱鼓励、支持规子。同时，规子也因确信自己深爱着对方而感到深深的安慰。

其实对规子而言，这样的故事情节正是她从胎儿时就一直渴望实现的人生独特脚本。在规子心中，是把这个比自己小的男性当做了没能降临于世的双胞胎弟弟的化身。尽管她本人没有意识到，但规子的内心深处一直在寻找这样一个男性，渴望着"如果找到了他，这次一定要好好爱护他，拯救他"。和这个人的相遇正是她这种愿望的实现。

可是话虽如此，规子在接受 SAT 印象疗法之前，一直为自己爱上了别的男人、精神上背叛了自己的丈夫而非常痛苦。通过咨询，她认识到这是自己的宿命，心情因此变得平静而充实，并对一直默默守护着自己这种命运的丈夫重拾了爱意，充满了感激。虽然这种爱并不是足以将她从生命危机的恐惧感中拯救出来的强有力的爱，但规子意识到了丈夫非常认真地爱着自己，在意识到这一点后，规子也觉察到了自己对丈夫的爱。

持续性的恐惧感会促使活性氧的大量产生，进而破坏 DNA，使遗传基因的防御力和免疫防御力下降，诱发癌症。虽然一般没有人会想到是因为自己内心渴望才患上癌症的，但规子借助 SAT 印象疗法的力量，觉察到自身的癌症其实都是自己一手制造的，而原因就是她在胎内时经历了弟弟的死亡，以及由此产生的恐惧感和罪恶感。她将这所有一切作为自己的宿命全部接受，在此基础上重建了"自己可以活下去；活着，被爱着，我也是有有价值的存在"的自我印象。

那个曾给了规子深深治愈的癌症晚期的病友不久便去世了。然而规子认为"只要我幸福，我能看到他也在为我而笑"，她这种积极、乐观的反应让周围的人惊讶。就这样，在规子越来越确信自己与丈夫之间的"命运之爱"后，她的体征指标大幅度改善，乳腺癌抑制基因 BRCA 及其他几项癌症抑制基因的发现率提高了 2~5 倍，代表免疫力提升的淋巴细胞数量大幅增加，NK 细胞（自然杀伤细胞）的活性显著提高，肿瘤标志物也恢复到标准值以内。这种超越了人类智慧理解范围的命运机理让我们不禁产生深深的敬畏。

我们经常能看到很多癌症晚期患者的家属在面对妻子或丈夫时，那表情仿佛像面对着陌生人一样。我想这或许是他们出于对丧失爱人的恐惧以及将要独自活下去的罪恶感，才会不敢直面自己的伴侣。然而越是在这种夫妻二人的一方要撒手人寰而另一方却残存于世的危急关头，越需要明确夫妻之间的命运性的结合。尽管双方立场不同，但只要双方确信彼此深爱着、被爱着，就可能像这对夫妻一样，将自己的伴侣从死亡的边缘再拉回人间。

● 癌症和爱的默契关系

我一直认为，癌症就是"身体化的抑郁症"。容易得癌症的 C 型人格（Type cancer）与容易得抑郁症的乖宝宝特性十分相似：不会叫苦，不会示弱，不表露自己的感情，非常认真且忍耐力超强。在我对胃癌患者进行的调查中也显示，他们的"自我抑制度（乖宝宝）量表"（见表1-1）和"感情认知困难度量表"（见表3-10）的平均得分为10分，普遍较高。

癌症患者如果能学会诉苦，对周围人示弱撒娇，就会减轻不安和抑郁的情绪，提高免疫力。我们的研究数据还显示，上述做法使NK细胞对癌细胞的破坏率提高，淋巴细胞数量增加，癌症抑制基因活性增强。癌症，是由于长期处于痛苦、辛酸、悲伤等负面情绪以及抑郁状态下所产生的免疫抑制症和抑癌基因活性减弱症。

接下来让我们稍微从专业的角度来看看在那些易发癌症的乖宝宝型的人的身体中，究竟发生着什么。

我们的身体中每天都会产生2 000个以上的癌细胞。有人或许会闻癌色变，但其实在健康人体内，每天都有如此大数量的癌细胞不断产生而又凋亡。原癌基因本来是细胞内一种促使上皮组织细胞增殖再生的正常基因，就其本身而言并不构成问题。造成问题的是活性氧破坏了原癌基因的结构，使得癌细胞过度增殖从而形成肿瘤。

为了防止过度增殖，有一些细胞（NK细胞、杀伤T细胞等）承担着破坏癌细胞的职责。它们就像"杀手"一样在人体全身游动，一旦发现癌细胞，就立刻分泌出穿孔素和粒酶的颗粒状物质溶解并破坏癌细胞。

如果说容易患上癌症的人所共有的特征对生理反应有什么影响，那就是这些特征会经常使他们的交感神经处于紧张状态。交感神经紧张会造成白细胞中的中性粒细胞比例增加，而中性粒细胞会释放出大量的活性氧。交感神经紧张还会引起外周血管的血流障碍，从而导致缺血（严重的贫血状态）。从缺血状态到血流恢复，这种过程的不断重复也会产生大量的活性氧。这些分泌过剩的活性氧就是伤害组织细胞和遗传物质，致使致癌产生的主要原因。另外，交感神经持续保持紧张状态会促使副肾皮质激素的分泌，抑制淋巴细胞的活性而造成免疫力下降，这些都会导致癌细胞的异常增殖并处于失控状态。更糟糕的是交感神经处于极度紧张状态时，NK细胞对癌细胞的重要破坏力（活性）会越来越弱，这时即使NK细胞数量增加也对癌细胞束手无策。

精神免疫学家R.W.巴特罗普的研究报告显示，在妻子去世8周后，丈夫的淋巴细胞的增殖率（包括NK细胞和杀伤T细胞）与妻子临终前两周相比大幅下降。淋巴细胞增殖率的下降就意味着对癌细胞的破坏力的下降。

一般而言，淋巴细胞水平保持在2 000/mL左右被认为是健康状态。根据免疫学家安保彻的研究，这一数值如果低于1 000/mL，自体免疫力（自然治愈力）就不能正常运作。癌症晚期患者的淋巴细胞水平一般都低于1 000/mL，因此淋巴细胞数量十分重要，必须确保其达到1 500～2 000/mL，才能保证人体对癌症的免疫力。

在这项研究的所在地美国，人们认为失去配偶就等于失去了深爱之物。巴特罗普的研究表明，"爱"这种不属于医学界研究对象的因子，确凿无疑地影响着淋巴细胞数量的增减。正如研究报告中显示的那样，既有因"爱"的丧失导致自然治愈力下降的情况，也有因"爱"战胜了癌症的例子。事实上，在我运用SAT印象疗法所治疗的癌症患者中，由于对重要的他人和自己产生了正面、积极的印象，感受到了"家人很爱我""我很爱家人""我很爱自己"，从而使NK细胞活性增强、淋巴细胞数量增加，最终提高了自身免疫力的病例不胜枚举（见图5-1）。

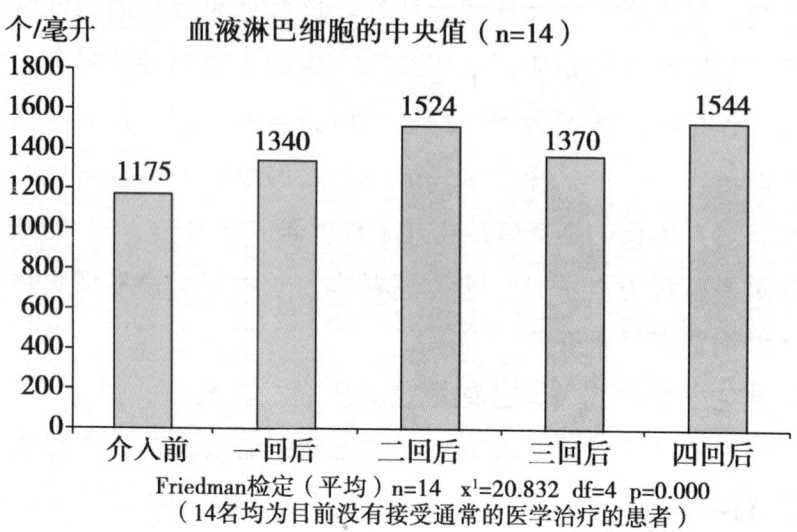

图 5-1　SAT 印象疗法后患者血液中淋巴细胞数量的变化

● 如何使抑癌基因的活性增强？

近年来，在基因水平上的癌症研究突飞猛进，原癌基因、抑癌基因的存在也得到证明。到目前为止发现的抑癌基因主要有"p53""BRCA1""BRCA2""RUNX3""Rb"等，它们的作用原理是恢复癌细胞中变异的基因，或者直接杀死癌细胞。例如，当 RUNX3 的活性变弱时就容易发展成胃癌。在白鼠的实验中表明，投放 RUNX3 药物后，白鼠体内的胃癌肿瘤明显变小。

抑癌基因的研究是最尖端医学的热门领域，而从心理学的角度为切入点，对癌症相关基因进行的研究则少有耳闻。我正是这类研究者中的一员。我的研究目标是不采取手术、放化疗等手段，而是通过心理疗法来激活抑癌基因。根据迄今为止的实践经验，SAT 印象疗法，尤其是其中以处理杏仁核记忆为对象的印象疗法，可以大幅度提升癌症患者白细胞中 P53、BRCA2、RUNX3 等抑癌基因的发现率（见图 5-2）。这些变化最终让肿瘤标志物恢复到标准值以内，影像检查中有些人癌症肿块的发展得到抑制，有些人没有出现癌症的复发，即使是癌症晚期的患者，也飞跃性地延长了剩下的时间，而这些都是一般癌症治疗无法获得的结果。

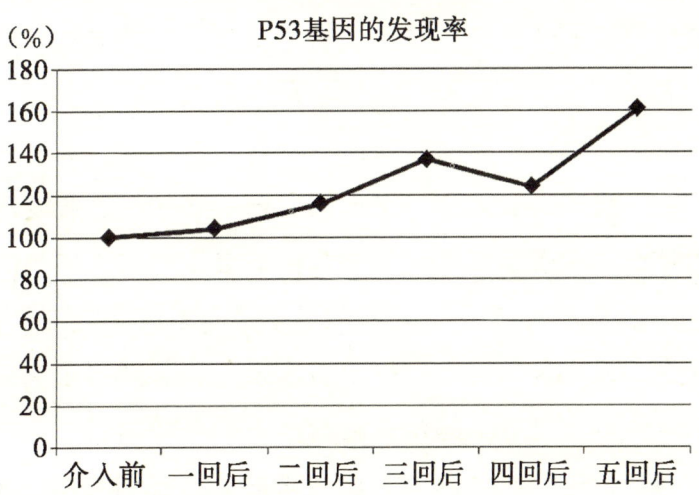

* P53的发现（NO）能够起到使癌细胞分裂停止、杀死癌细胞以及抑制癌细胞血管生成的作用。根据我的研究，如果能做到去感谢和爱别人，P53基因就会呈现活性化。
Friedman检定（平均）n=16，$x^2=10.448$，df=5，$P=0.063$。
（14名均为目前没有接受通常的医学治疗的患者）

图 5-2 SAT 印象疗法后 P53 基因的发现率

作为本章的结束，最后再介绍一个因丈夫患上癌症而使得夫妻关系焕然一新的真实事例。山下敏一（49岁）是口底癌晚期患者。在对他实施治疗前，我对他进行了心理行动特性的检测。结果显示，他的感情认知困难度、自我抑制度、自我怜悯度、抑郁度和焦虑等特性上全都是"强"或"较强"的得分。可以看出，他是一个必然会患上癌症的、具有典型的 C 型人格的人。

通过退行催眠至胎儿期，他发现自己有过两个死产的哥哥，在他区别开混淆在自己的感情中来自死产哥哥的绝望之情以及来自母亲的罪恶感之后，敏一的心理行动特性改变了。然后，在再养育印象法结束后，当我问他："今后你希望自己变成什么样？"敏一用如释重负的语气回答说："今后要过自己真正感到满足的人生。"他与妻子的关系也在此时出现了转机。治疗前，敏一一直因觉得对妻子诉苦是没出息的男人才会做的事而独自忍受着死亡的恐惧。经过治疗后，他变成了能坦然地从妻子那里寻求慰藉的人，会向妻子倾诉自己的累与无助。然而好容易有所改善的身心状态，在离开医院回家住了一天后，情况再次恶化。在询问的敏一详情后，我发现原因出在他妻子身上。在医院表现得十分坚强的妻子在丈夫回到家后哭着对丈夫说"不要死"，敏一说"看到她这样我不能死啊"。

一般来说，无论自己的求生欲望多么强烈，想到自己癌症晚期的事实，都会告诉自己，继续活下去只是一种奢望而已。这时候的求生欲望越强烈，越会对于随时可能到来的死亡感到恐惧。而这种恐惧感的所带来的压力会降低抑癌基因的活性和发现率。

敏一家中有三个学龄期的孩子。光是考虑这些孩子的未来，妻子已经倍感担忧，何况她还要照顾她患有老年痴呆的父亲。如果这时丈夫去世了，妻子就没有任何可以依靠的人了，因此她才会希望丈夫不要死。敏一知道妻子内心的无助，下决心一定要活下去，这是个与其说是为了自己，倒不如说是为了妻子而作出的决定。此时"活下去"对他来说已经不是希望，更像是一种强迫观念了。

于是在第五次咨询的时候，我也对敏一的妻子也进行了 SAT 印象疗法。她是一个依存心很强的人，以前家中的一切大事都靠丈夫做决断，所以一想到丈夫也许会先自己而去，她就充满了不安，不知道该如何面对接下来的生活。其实她本人也已经意识到自己的症结所在，因此在咨询前，她给自己制定的目标是"希望变成一个即使丈夫不在了，也能自己做决定的人"。治疗结束后，妻子的心情变得安定，夫妻间的情感交流也更加深入。

就在妻子的心态改变后，令人惊讶的事发生了，敏一体内的抑癌基因 P53 的发现率竟然急速增长高达 14 倍（见图 5-3）。抑癌基

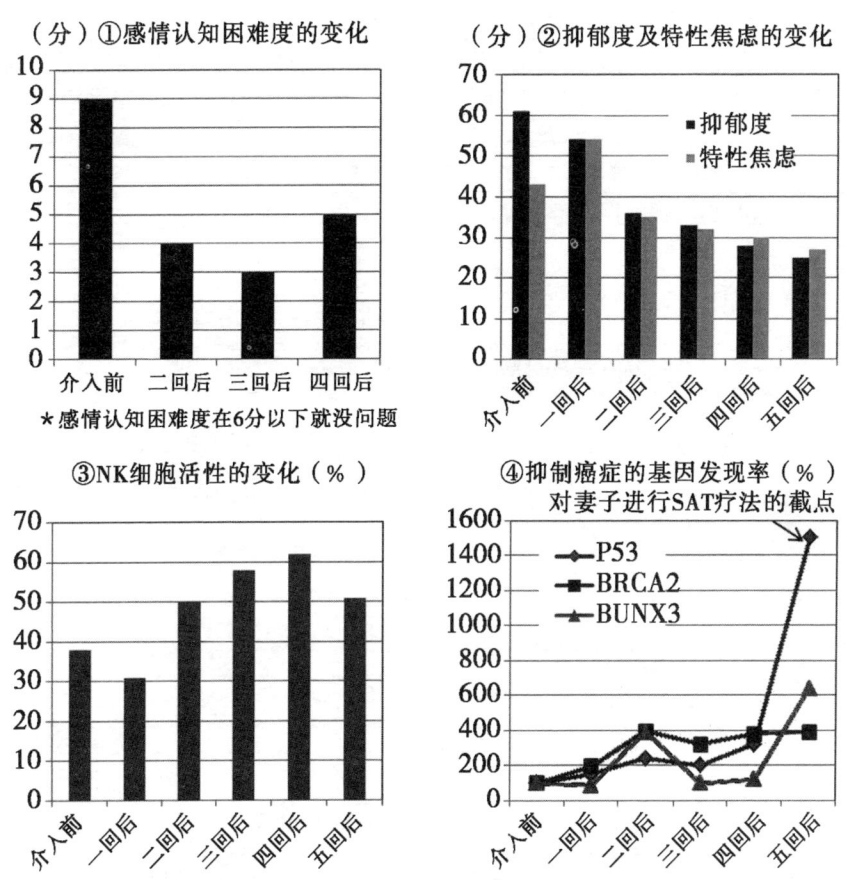

第五次的咨询对象不是患者本人，而是他的妻子。妻子在接受SAT疗法后，两个人开始能够互相倾诉了。之后进行血液检查的结果显示，患者体内P53的发现率急速上升。

图 5-3 口腔癌患者的 SAT 印象疗法效果

因的发现量（mRNA）只要超过 2 倍就认为是该基因处于"ON"状态了。在妻子这一环境因子发生变化不久，抑癌基因的发现量就出现了如此飞跃性增长，这让分子生物学家都感慨"从没见过这样架势的增长情况"。我想一定是爱与被爱的幸福，让沉睡的抑癌基因重新焕发了生机吧。

第六章 请在夫妻对话中加入爱的信号

● 夫妻共同经营的伴侣关系

很多夫妻或许不存在前文介绍的那些严重问题,但又有多少夫妻能绝对地说"我们现在的状态很好、很幸福"呢?或许有的夫妻曾经深爱过对方,但现在肯定有许多妻子连话都懒得跟丈夫讲,被丈夫触碰更会感到不快;也有许多丈夫光是看到妻子的脸、听到她的声音就会感到心情烦躁。甚至或许有的妻子正在暗地里盘算:等拿到了丈夫的生命保险后要出去旅游、购物,到处享乐。

通过"人际关系尺度"(见图6-1)可以大概了解大家现在的夫妻关系是好还是坏,以及处于何种状态。其中最坏的状态是希望对方"不要再出现(-3)",如果你们的夫妻关系已经发展到"不想看到对方的脸"或者"丈夫的内裤都是用镊子捏起丢进洗衣机的"等情况,这说明关系已经处在"-3"程度。每当周末丈夫在家,妻子的身体就会不舒服;为了避免和妻子见面,有"回家恐惧症"的丈夫每晚都酒醉街头,直到深夜才回家的。这些关系无疑都是负面的。当人际关系朝负向发展,就意味着某一方或双方的期待长期没能得到满足。期待落空的状况长期持续下去的话,极有可能诱发前文提到的各种疾病。

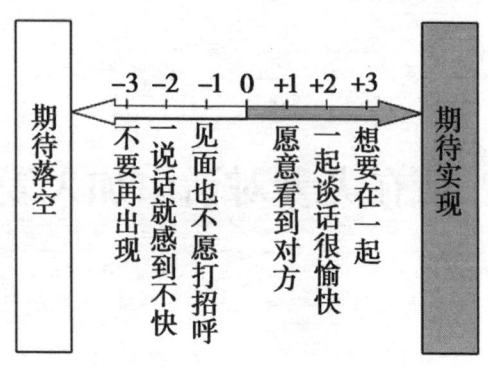

图6-1 人际关系尺度

妻子的期待："希望他起码能出去扔个垃圾"，丈夫的期待："希望周末起码能让我好好睡一觉"……如果一一列举夫妻各自心中的期待，恐怕三天三夜也说不完，但在这些期待背后隐藏的心情都是相同的："希望对方能理解自己"。可现实却是"得不到对方的理解"，夫妻之间的问题几乎都集中在这里。

很多妻子是在怀孕期间或是产后的育儿期间产生"渴望丈夫理解，却得不到丈夫的理解"这种心情的。特别是妻子深夜起来喂奶的辛苦，做丈夫的很难有切身体会。对于带着身体的种种不适坚持努力的妻子，有的丈夫非但不去帮忙带孩子，反而会对妻子冷言相向"别让孩子哭了！""能不能好好做家务！"，这种站着说话不腰疼的牢骚简直是在给妻子心泼冷水。这时妻子会从新婚燕尔时的憧憬中清醒，夫妻关系从此进入暗流汹涌的第二幕。

丈夫不去体恤怀孕及育儿期的妻子，这是受自古以来对夫妻性别分工观念的影响。这样的丈夫在自己的成长中一定也有一个扮演着传统妻子角色的母亲，默默忍受的同时将"女人本就该是这样的宿命"的观念原封不动地传递给了儿子。在怀孕、分娩、育儿时期，

第六章　请在夫妻对话中加入爱的信号

很多妻子被丈夫冰冷的话语或行为深深伤害，甚至会开始怀疑丈夫的人品是否有问题。但即使是这样的丈夫，只要他意识到妻子是要跟随自己走完人生的伴侣，就会自发地产生要去体恤妻子的念头。如果夫妻间能够认同无法离开对方而存在，建立起积极的伴侣关系，就可以共同面对问题，切断各自从前世代继承下来的创伤。

那么，积极的伴侣关系到底指什么呢？我认为，要成为这样的关系必须满足以下五个条件：

（1）能从对方那里得到快乐的感觉；

（2）互相扶持；

（3）心意相通；

（4）共度难关；

（5）对彼此有新的发现，感受到彼此的成长，感受到在用灵魂来交流。

"灵魂的交流"的具体所指在后文将会详述，只要满足或者预计能够满足以上所有条件，夫妻间就可以保持积极的伴侣关系。当二人处于这种关系中，就会渴望和对方在一起（见图6-1的"+3"），觉得对方是"优秀的人""善良的人""了不起的人"，能够从正面去看待对方的一切。

请回忆一下自己恋爱时的情景。那时，当别人问你"他（她）好在哪里？"你一定只会回答说："哪里都好。"两个人保持着积极的伴侣关系时，不仅能尊重对方的想法和意见，更能提高彼此的自我价值感，因此恋爱中的人才会显得情绪高昂。这种情况下双方的期待不会落空，能够处于互相满足期待的状态。

反之，若五个条件未能得到充分满足，情况又会如何呢？这时，双方的关系就会开始恶化，从"见面也不愿打招呼"（-1）、"一说话就感到不快"（-2），进而发展到希望对方"不要再出现""想分手"（都是"-3"）的关系。也正是在这个时候，双方会开始说一些责难的话"你真是个自私的人""简直太冷漠了""性格太扭曲了"。在这种情况下，双方的期待肯定产生了偏差，从而陷入不能互相满足对方期待的状态。可以说，人际关系是往正向发展，还是往负向发展，完全取决于能否互相满足彼此的期待。正如本书第二章所解释的，如果是与对方的DNA气质相吻合的期待，就可以使人际关系朝正向发展。但是，一般人由于对DNA气质缺乏理解，很容易从自己单方面的想法出去，对对方做出不合理的期待，人际关系因此而恶化。

"依赖的、凡事靠对方的妻子"和"没有带领能力、逃避的丈夫"这是最容易发展成糟糕夫妻关系的组合。这种妻子会尝试利用各种五花八门的情绪性手段（哭闹、发怒、撒娇等）来满足自己的期待，而丈夫不可能明白妻子的真正期待，从而导致妻子由于期待得不到满足而感受越来越大的压力。一般人都会有"我要改变对方""对方必须要有所改变"的想法，然而请牢记一点：试图使对方改变的尝试是一定不会成功的。

此外，对于自我抑制度较高的乖宝宝们，即使在婚后也会继续扮演"好丈夫""好妻子""好父亲""好母亲"，即使遇到不愉快的事或者被配偶背叛，往往也会将心里话藏着不说，默默忍耐。这是因为他们有着害怕被遗弃的创伤记忆，才会选择隐藏真实的自己，在生活中彻底地扮演为伴侣或周围人所期待的乖宝宝角色。

可是，尽管本人想要尽量演得逼真，他们在表情、眼神或背影等非语言的信息里却已经将真实的想法表露无遗了。在口是心非的表情或态度等信号中，对方不可能感受不到厌恶感或愧疚感。然而那些"好丈夫""好妻子"即使感受到对方隐藏的信息，也会选择视而不见。因为这些乖宝宝们不仅害怕表达自己的真心，同时也害怕去碰触对方的真心。

像这样的乖宝宝夫妻间即使产生了问题，也根本不可能产生"互相商量，共度难关"（积极的伴侣关系之条件［4］）的自信心，也不可能产生"对彼此有新的发现，感受到彼此的成长，感受到在用灵魂来交流"（条件［5］）的体验，无从认识到对方未知的部分。长此以往，他们的夫妻关系会不断恶化，内心离得越来越远，等待他们的只剩下破坏性人际关系的出现。破坏性人际关系是指连家庭成员之间的互相帮助都会令人生厌的关系。遗憾的是，在现在的日本，有许许多多夫妻已经陷入这样的关系，而他们仍旧要勉强维持着夫妻的名分。

事实上，只要本人愿意脱下乖宝宝的外衣，能够坦诚交流，是可以和对方进行对话的。这样就会在夫妻关系中有新的发现，对对方的爱也会逐渐加深，夫妻之间的联结会更加紧密。

如果说能够看到彼此身上的优点，这是积极的伴侣关系，那么把目光只放在对方的缺点上，就是消极的伴侣关系。在积极的伴侣关系中，无论遇到什么问题和危机，夫妻二人都能将其转化为考验或学习的机会，而消极的伴侣关系则只会催生出不满与责难。

那么如何才能建立积极的伴侣关系呢？答案只有一个——进行彻底而深入的交流。两个人可能有着迥然不同的成长环境及DNA气质，但只要双方进行彻底而深入的交流，就可以在相处过程中做到有意识地区分对对方而言，哪些是能够期待与不能期待的事物了。

接下来要介绍的就是对于重建"爱的伴侣"关系至关重要的交流方式。

• 夫妻间需要"灵魂的交流"

为了构筑积极的伴侣关系,双方必须能进行"心意相通"[积极的伴侣关系之条件(3)]的交流。"心意相通"就是说"互相理解彼此的想法和心情"。但很多日本人并不擅长这种交流方式,因此经常会出现互不理解,甚至彼此怀疑的情况,这也是造成外国人经常对日本人产生各种误解的原因。日本确实有着"察言观色"这种特有的文化背景,但在现在的夫妻间,这种"互相体察"做得并不够好。

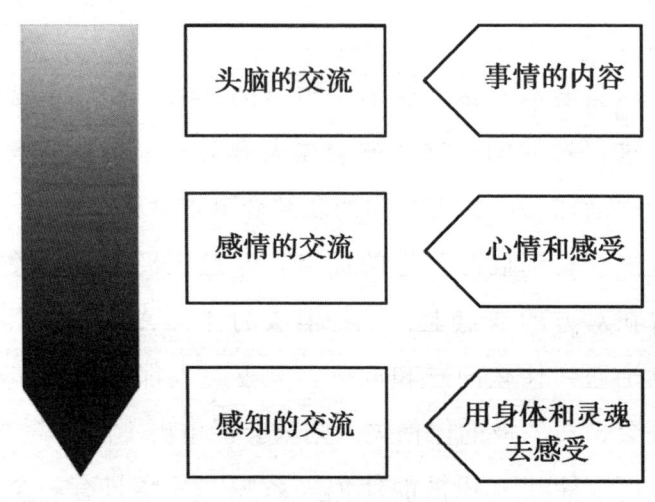

图 6-2 交流的层次

我将交流大致分为三个层次:"头脑的交流""感情的交流"和"感知的交流"(以心意相通的程度为据划分,见图 6-2)。"头脑的交流"是指以传递事情的内容为目标的交流。这种交流不涉及当事人的情感，适用于工作、谈判等场合。但近年来，在日本出现了一种令人担忧的状况：在一些需要"传达"自己的心情或是"倾听"对方的心情（不是单纯用耳朵听，而是要集中注意力去倾听对方）的场合，这种不带感情的头脑式的交流却大行其道。

就连在处理心理问题的精神科及心身医学的医患交流中，当事双方也很容易陷入仅仅针对事情本身（症状、诊断、处方）的对话。当患者倾诉自己夜里睡不着觉时，医生往往会以"那我给你开点儿安眠药吧"来结束。其实这种情况更考验医生倾听患者"睡不着觉"的症状背后是何种心情的能力（例如，周围没人支持我，只有我牺牲自己在努力，真的很痛苦；等等）。如此一来就有可能发现睡不着觉的根本原因和解决方法，也不会引发患者依赖药物或依赖医生等新的问题。

家庭成员间的交流差不多是这种情况。当孩子说"我不想上学了"时，家长就会急忙去找咨询师帮忙；当配偶说"我身体不舒服"，另一方就会脱口而出"快去医院看看吧"，大家都已经习惯了用头脑层面来作出回应。"不想上学了""身体不舒服"的背后有着怎样的心情呢？"是不是遇到什么不愉快的事了？""工作是不是很辛苦？"很少会有人直接作出这样的反应。还有的人在本该去倾听对方的心情时，却恶语相向地往对方伤口上撒盐，说些类似"别这么任性""谁让你喝那么多酒，自作自受"的话。

孩子说不想上学时，其背后的心情可能是"学校里的朋友或老师让我生气"，甚至有可能是"自己竟然会因为这种小事生气，实在是太软弱了"。而这些心情的产生，或许是由于在学校被同学欺负、被老师无视，也可能是因为想要变得更好而产生的自我否定感在作祟，总之"生气"的背后一定对应着某个事情或想法。因此，首先该做的是沿着孩子的感受好好地倾听事情的本末。同样，当配偶说身体不舒服时，不应该急于给出去医院检查的建议，而是应该问问看，是不是有什么烦心或担忧的事。

像这样着眼于心情的交流方法就是倾听技术（积极的倾听法），运用倾听的力量将交流深入到情感（心情）层次，即"感情的交流"。如果能充分地倾听对方的心情，就可以满足其"渴望得到理解"的期待。很多时候，只要本人感到了"有人愿意倾听自己的痛苦和悲伤"，问题就会自动消失。互相交流彼此的感受也会增强彼此的联结，无论是诉说方还是倾听方，都能体验到头脑式交流所无法获得的充实感。

对于当今的日本人而言，比起去继承"即使不说也能理解"的察言观色文化，我认为让自己掌握这种倾听技术更为重要。不过令人遗憾的是，无论在家庭、学校还是社会，人们几乎没有机会能学习到这种交流方式。

比感情的交流更加深入的是"感知的交流"。所谓感知，不光是理解，更是以自己身体去感受对方的感情。诸如心头一紧、起鸡皮疙瘩、眼眶湿润等反应都属于这一层次，我将这种交流称为"灵魂的交流"。

关于眼泪的意义，在前文有过阐述，假设孩子或配偶流泪了，表示他们心中正有着足以刺激泪腺的强烈情动（恐惧、愤怒、悲伤、喜悦等）。恐惧和愤怒的情动会促使去甲肾上腺素分泌，造成交感神经过度兴奋，这时自律神经会反射性地使副交感神经兴奋以维持二者平衡。通过间脑的视床下部外侧的兴奋刺激位于脑干中的孤束核而释放出的一种叫作乙酰胆碱的神经递质，这种化学物质能够引起与面部神经直接相连的副交感神经兴奋，这就是流泪的机理。我所说的"灵魂"层面，就是像这样能对承担生命机能的间脑和脑干部位产生影响的层次。

如果哭的是一个男孩，他肯定会被嘲笑"真丢人，亏你还是男子汉呢"。可是，如果家长一直对于孩子"灵魂层面"的问题采取这种无视的态度，势必会造成问题的长期化和严重化。当发现孩子或配偶有眼睛红肿或眼眶湿润的迹象时，一定要找出其背后隐藏的感情与想法。如果配偶对你说"身体不舒服"，请务必仔细观察对方的神情变化，要努力通过这些非语言的信号读出其背后隐藏的感受。

当自己的恐惧与愤怒等感情得到了他人共鸣和接受后，人们会产生"自己得到了理解"的安心感，由此被深深治愈，然后变得能够独立地整理自己的想法，有了勇气去面对造成自己身体不适的人际关系问题，理清楚为处理好人际关系自己应如何行动。这就是灵魂层次的交流才能带来的效果。而那些说教与责难（头脑的交流），无论在情理上多么说得通，都始终无法促使对方去行动。

当你通过身体的反应感到自己理解了对方的心情、碰撞到了灵魂时，对方会运用自己的力量有所行动。永远停留在头脑层次的交流，一定会产生得不到满足的想法。即使在与他人交流时，自己会努力克制不让这种感受爆发，但是在夫妻关系里，就常常会以夫妻吵架的形式爆发出来。其实夫妻吵架，从某种意义上说是关系十分亲密的证据，然而绝大多数人却对夫妻吵架讳莫如深，认为吵架是丢脸、不可取的行为，而在争吵之后对自己产生厌恶心理，后悔自己不该那么感情用事。

但我认为吵架也是一种灵魂的交流。灵魂在无法忍受孤独、渴望同对方的灵魂有交集的时候，就会与之产生碰撞冲突。两个人吵架时，情绪会变得高涨，并情不自禁地说出一直压抑在心里没能说出的话，会哭喊，会摔东西，会表现出各种连自己都震惊的行为和情绪，所以争吵之后才感到后悔。其实这种伴随着哭喊等身体感觉的情动产生的碰撞，远比语言要更加接近灵魂层次的交流。

只要争吵不发展至暴力行为，我认为夫妻吵架还算是一种积极的行为。如果夫妻关系中，双方甚至无法用吵架这一形式来表达情感，那他们就失去了最后一个能够让彼此灵魂交汇的机会。吵架能使夫妻关系恶化，但也存在走向和解的可能性。无论是哪一种，单从夫妻双方能够开始共同面对问题这一点而言算是向前迈进了一步。

我认为只有当夫妻之间出现这种灵魂的交流时，才可以说他们是真正的夫妻。这种碰触心灵的交流会让夫妻关系变得更加丰富多彩。当然我并非是劝大家都回家吵架，如果能不吵架而实现灵魂的交流，自然是再好不过的事。

● 交流从倾听开始

在所有的交流中，必不可少的就是倾听（不是单纯用耳朵听，而是要集中注意力去倾听对方），下面对此略加阐述。人们可能只需运用一些倾听的方法，就会为夫妻关系带来新的变化（见图6-3）。

为了能理解对方的烦恼和不安，作为倾听方你的表情和姿势非常重要。当你处于希望有人倾听自己的立场时就会十分清楚，即使对方出于善意，但越是穷追不舍地问"到底发生了什么事""你快说清楚啊，是不是有事瞒着我"，越是会让倾诉者退却，不愿敞开心扉去倾诉。

正确的做法是既不盯着对方看，也不逃避对方的眼神，恰到好

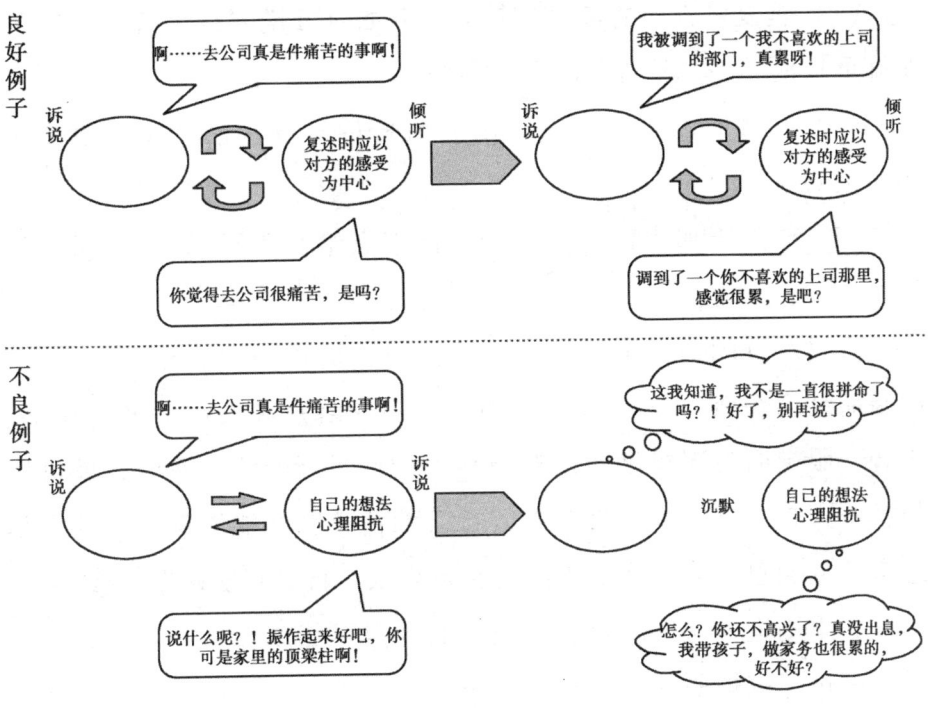

图 6-3 从倾听开始

处地视线相交，一边做出与对方情绪相符的表情（如果对方生气，就做出认为他有充足生气理由的表情；如果对方很悲伤，也要做出难过的表情），一边保持沉默地倾听对方诉说的内容，这就是倾听中"有效的沉默"。运用有效的沉默，就会让对方产生安心感及倾诉的欲望。

这种时候绝对不能做的是避开对方的眼神低着头听，或是一直盯着对方看，以及不停地看时钟等。这样会让对方感觉到不安："是不是对我的话不感兴趣啊""是不是没在仔细听啊"，很可能会让好不容易涌起的倾诉欲望戛然而止。

为了更有效地激发出对方的倾诉欲望，可以尝试下面的做法：

（1）重复对方说的最后一句话，例如对方说"……真讨厌啊"，你就重复说"……让你很讨厌，对吧"。

（2）稍微向前探出身子，用表情告诉对方自己"想听更多一些"的想法。

（3）"关于那个部分，再说地详细点给我听吧"，促使对方往下说。

重复对方的话，可以产生一种让对方的内心照镜子般的效果。如果能结合关键词（包含心情和感情的词语）和关键信息（面部、声音、眼神的表情变化等）对当事人的话进行恰当的重复，就可以使其本人自己觉察到一直左右着自己的情感，并能够靠自己的力量思考"对自己而言到底真正的问题是什么，自己到底该做什么"。

如果不进行这样的重复，谈话的焦点可能就会变得模糊，因此并非一声不吭地听对方说话就足够了。另外，如果不针对心情而是拘泥于事情本身的重复，会使谈话内容扩散，可能产生负面的效果。因此想要精准地抓住对方的心情和感情，最重要的一点还是得仔细地观察对方。

在我们直面问题时，很多情况下可能自己还没有搞清楚问题到底在哪里。因此对方在倾诉的时候也常常并不明确自己到底想要说什么。这时确认就变得很重要，在对方说完之后，总结重复对方的内容："你想要说的是……吧？"然后观察对方听到重复后的反应，由此确认自己是否准确地理解了对方。

如果你准确地重复了对方的感受，那他一定会表现出生动的表情。反之，如果他面无表情，看不出面部有什么变化，甚至出现不自然的表情，那就是"你理解错了"的信号。如果对方含混地回答你："差不多吧，大概就像你说的吧。"请一定要进行修正："我理解的有出入对吗，是什么地方不对呢？"倾听中这种顽强的精神十分必要。

对于那些一直以来只进行着头脑交流的夫妻而言，让他们一下子开始这种交流，最初的阶段可能会进行得不顺利。他们或许会害羞，或许会缺乏勇气，或许会觉得："是我有话想说啊，凭什么我要先听他（她）说？"而产生一些不甘心的情绪。请先将这些想法和情绪放在一边，试着先从专注于倾听对方的心情开始。

● 培养爱的交流技术

为了使夫妻关系更加充满爱意，有三种交流技巧希望大家务必实践一下。它们分别是："良好的自我主张"（Assertion），基于对方成长史的"培养爱的交流"及"肌肤接触"。

有人将"良好的自我主张"理解为"巧妙地表达自己想说的话，并能使对方认同自己"的技能，然而我认为自我主张技能的出发点应该是"只是说说看"，因为使对方认同自己很有可能变成支配对方。"我是这样这样想的"，只需重复地说出自己的想法就可以。至于对方怎么理解则取决于他们的判断。后文会详细介绍这种交流技巧的具体做法。

"培养爱的交流"可能是大家在日常生活中从没使用过的交流方式。前文介绍过"再养育印象法"，即重建父母或前世代的养育印象，在重建后的理想的成长环境印象中，重新养育自己，塑造新的自我印象的咨询方法正是运用了该交流技巧。

例如在你想责怪对方"你怎么这么没有自信啊，而且还那么沉闷……"的时候，试着改变对话方式，去问他："如果你的母亲在外婆的关爱下成长，然后你又是成长在总是愿意倾听你心声的温柔的母亲身边，那么你会变成什么样呢？"这种对话会给对方提供一个自我觉察的机会，"那当然会更有活力啦，也会比现在更有自信吧"，对方会主动发现自己缺乏自信的问题。而责怪对方，只会让他更加固执并且不愿承认自己的问题。因此，这种立足于绝不责难对方的交流技巧，可以化解其防御心理，促使其自我觉察。

但是，基于成长史的"培养爱的交流"是大家一直以来未曾实践过的交流方式，如果因不得要领而使用不当的话，反而可能引起对方的抗拒心理。因此必须在平时加以练习，关键时刻灵活运用。请参照本书最后一页用于练习的"再养育印象法"，反复进行爱的交流模拟练习。

最后来介绍一下"肌肤接触"的交流技巧。前面两种方式主要对应大脑新皮层进行的交流，而肌肤接触可以说是对应了大脑边缘系统需求的交流技巧。

人类的脑大致可分为三层。在生物进化过程中，脑依次产生了三个不同的皮层："爬行类脑""哺乳类脑"和"灵长类脑"（见图6-4）。建立在语言基础上的交流是为了满足人类的灵长类脑，即大脑新皮层的需求（追求生命的意义）。与此相对，肌肤刺激和快感是为了满足哺乳类脑，即大脑边缘系统的需求。爬行类脑负责管理呼吸、饮食、体温等影响生命进程的活动，寻求的是安全感。人类作为灵长类动物，虽然大脑新皮层异常发达，但作为爬行类和哺乳类动物的痕迹仍然保留在脑的结构里，如果不能满足这三种脑的需求，就不能切实地感受到"被爱的感觉"。

近年来，分床而睡的中年夫妻越来越多。许多夫妻由此进入了

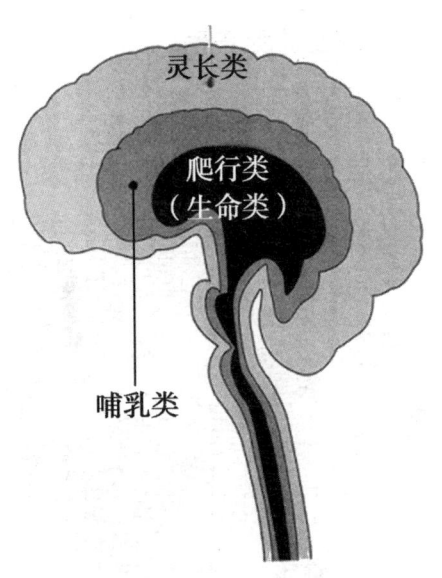

图 6-4 三层构造的脑

无性生活，甚至连对方的身体都不愿碰触。具有哺乳类动物特性的人类，一旦落单就会十分紧张，特别是因心理创伤而持有强烈恐惧感的人，只要离开家就会一直处于紧张状态。如果夫妻间能够保持肌肤接触的时间，就可以让人放松，压力也能够释放。但如果家庭中没有这样的人，可以通过去做按摩、泡温泉，或者养宠物等来缓解内心的紧张感，饲养宠物可以起到代替来自伴侣的肌肤接触。

如果夫妻分床睡的话，也就失去了夫妻的意义。夫妻同床而眠非常重要，但并非是指一定要有性生活。对于内心恐惧感十分强烈的人来说，只要对方能握着他的手，身体有一些接触，就足以缓解他的紧张感（见图 6-5）。我曾经建议一位抑郁症男性每天让妻子拥抱自己，但他说："家里还有孩子，拥抱的话太不好意思了，做不来的"，于是我建议他："可以在浴室里，或者每天上班前在门口让妻子拥抱你一下。"可以想象一下,每天都有人拥抱自己心情会变得如何呢?想必内心一定会被爱所充盈。

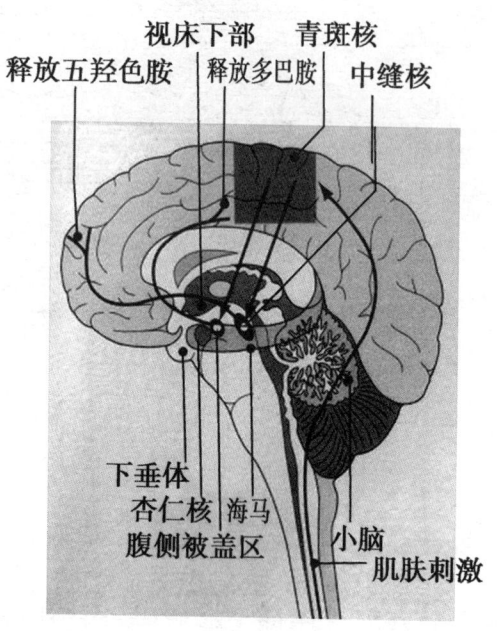

图 6-5　治愈恐惧的安心感是从皮肤接收到的信号

在出现孩子不愿意上学问题的家庭里,无一例外都是父母与孩子间缺乏肌肤接触。这种情况下,我首先会建议"握着孩子的手一起睡觉吧"。一般为这个问题前来咨询的都是孩子的母亲,但即使她的孩子是上初中的男生,我也会要求他们拉着手睡觉,或是挽着手谈话。仅仅是牵手,就能触动内心,或流下眼泪。之后,孩子就能获得正视问题的勇气,夫妻之间也是同理。

另外,诸如日常生活中充满生机的"欢迎回家""我回来了"等话语,也可以成为引起爬行类脑反应的温暖和爱的信号。无论人类进化到何种程度,终究还是渴求这种信号。爬行类脑最害怕威胁恐吓。类似于被汽车鸣笛就突然火冒三丈用刀去刺伤对方的事件都是由于爬行类脑的过度反应而动用了武力的结果。夫妻之间也是一样，尽量不要发出使对方受惊或带刺的信号。

● 怎样才能良好地进行自我主张

良好的自我主张，既非沉默或被动接受，也不是攻击（包括表面恭维的隐蔽的攻击），而是指处于这两者之间的态度（见图6-6）。无论是沉默、被动的态度，抑或是相反的攻击性态度，都不利于改善人际关系。只有用一种不偏不倚的中间性态度，良好地进行自我主张，才能在夫妻间建立起舒心愉悦的关系。

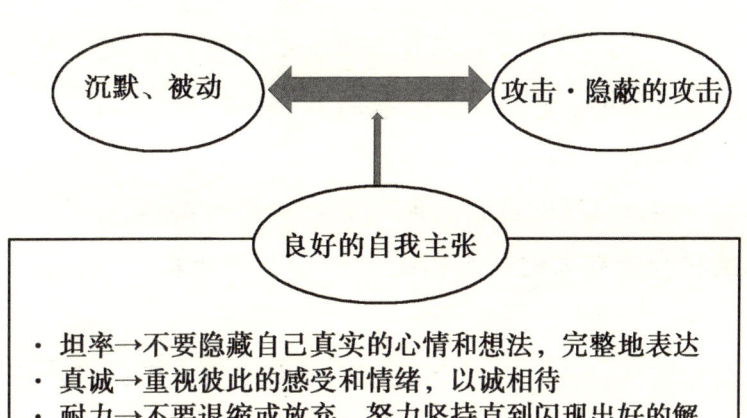

图6-6　良好的自我主张

为了将自我主张技能运用自如，以下三个基本态度是必不可少的：

（1）坦率：毫无隐瞒，完整地传达自己的真实想法；

（2）真诚：互相珍视彼此的想法与感情；

（3）耐力：不放弃、不退缩，一直努力到闪现出好的主意。

这三条看起来容易，做起来却不容易。

阻碍"坦率"态度的主要原因或是在成长过程中父母没有倾听过自己想法，或是没能接收到来自父母的"去过你自己感到满足的生活"这种信号。一旦释放自己的想法进行自我主张，就会产生被遗弃或是自我否定的恐惧感。在日本社会中，"坦率"更像是一种被人鄙夷的特质，无论是在学校还是社会，只要当你坚持自我主张时，周围就会传来"狂妄自大"等各种抨击、批判的声音，这也是阻碍人们"坦率"的原因之一。

"真诚"与"耿直"有共通之处。有人会过分执着于真诚，耗尽了自己而陷入抑郁状态。另外，对于用大脑闪现来寻找防止陷入现实的层面答案的"耐力"，往往也很难长期坚持，大多数人最终抑制自己而放弃坚持。

如上所述，良好的自我主张并非是一朝一夕就可以熟练掌握的。但考虑到它所能带来的巨大回报，还是真诚地希望各位积极学习，尝试一下这种方法。

下面介绍一些有助于习得三个基本态度的诀窍，即针对自我主张的七个建议：

（1）意识到自己的心情和感情，明确自己真正的要求，尤其是要搞清自己是"希望得到对方的认可"还是"想要相信自己（自己对自己满足）"。

（2）你的发言不是要为了得到对方认可，而是为了让自己对自己感到满足。

（3）有效地重复对方的话，确认其真正的心情和想法。

(4) 对于对方的要求给予肯定、认可的态度，回应其感受。

(5) 发言时坚持使用第一人称，把主语换成"我"。例如：我是……认为的，我想做……，如果你可以为我做……的话，我会非常高兴。一定不要使用"你"做主语的表现方式，如"你连这都不知道吗"。

(6) 通过保持感情中立的谈话方式，显示出对对方的认可和尊重，必要时重复说几次。

(7) 为了做到对对方的尊重，还需要：用心观察对方语言·非语言的信息，并给予相符的回应。针对其语速、手势、身体姿态及表情等作出合适的调整。

很多人容易犯一个错误"为了得到对方的认可而发言"，这样的发言并非自我主张。在主张的时候很重要的一点是要抱着纯粹表达自己想法的态度，为了相信自己，自己对自己感到满意而说出自己想说的话，至于对方怎么想，把权力交给对方。

试举一例，假如丈夫开着电视机躺在客厅的沙发上睡着了，这时妻子走过来说："你要睡就把电视关了进卧室去睡不行吗？"试想丈夫会有怎样的反应。这里妻子的话是以"你"（第二人称表达）作主语，而非"我"（第一人称表达），简而言之就是要求丈夫"你就按我说的去做吧"。尽管从妻子的立场而言，她可能是出于"刚洗完澡，要是着凉了可能会感冒，累的话好好去床上躺着休息多好"这样的担心才说出上面的话。但不可否认的是，其话语当中多少存在着"太散漫了""真是邋遢"之类对丈夫责难的情绪。第二人称的表达就是这样，会含有这种责难、提意见或批评的语气，很容易给对方造成伤害。

丈夫在听到妻子的话后，往往会用带刺的话顶回去："真烦人啊，我只是闭了会眼睛罢了啊！"并且狡辩道："我还不知道应该关电视吗？一天当中就这时候能放松一下，我拜托你不要拿这些小事儿找茬儿好不好！"

妻子说的话成了希望丈夫能够认可自己的存在价值。像这位妻子那样，如果对方没有按照自己的吩咐行动，就感受不到对方认可自己，这种态度不能算是自我主张。

另外，当被对方拒绝否定说"你真烦"的时候，当事人往往"有自知之明地"闭上嘴巴，压抑自己，放弃继续说下去的想法。这种一味地抑制只会让不满在心中积蓄。为了不使对话以这样的结局收场，我们要立足于说出自己想说的话，而将判断和决定的权力留给对方。因此上面的对话应该转换成这样的表达方式："我在担心你在沙发上睡着了会不会着凉感冒啊？"像这样以"我"为主语将自己心中的想法和感受表达出来就可以了。

在"我是这么想的""我是……"等以"我"为主语的说话方式中，包含着"那么你是怎么认为的？"这样一种信息，这是一种尊重对方的态度。也许你不习惯且也不擅长这种说话方式，但请大家开始试着用"我"作为主语来说话，在表达时保持感情中立而不是情绪化或感情用事。一定避免突然抬高声调或加快语速，而且如果有必要的话，要将想要表达的内容慢慢地重复几次。

还有一点很重要：对于自己说过的话能否得到对方的认可，那是对方的权利。就像这个例子中，是否要关电视回房间睡觉就是丈夫的自由。试图侵犯他人的这种权利，就是一种妄图支配、操控对方的傲慢态度的表现。

另外，在自我主张时，觉察对方的感受也是要点之一。捕捉对方想法最快的方法就是前文介绍过的向其本人确认。当对方说："今天真不想去上班啊！"你可以回应说："去公司上班很痛苦是吗？"通过这种语言来确认对方的言语背后隐藏的感受。然而在这一过程中也容易犯下自以为是的错误："说什么呢，你要好好工作呀！"稍不留神，自己的判断与评价就会冒头，进而妨碍真正的倾听。

在听对方说话时，自己内心产生的各种想法（意见、评价、追体验、辩解、比较等自己的想法）都会成为倾听的阻碍。即使在听对方说话时产生了"太散漫了""真头疼啊"这样的心情，也要有意识地将之放在一边，然后仔细观察对方说话的节奏、身体姿态、肢体语言和手势、表情等，用与之相应的态度去倾听对方。并且要有意识地对对方的话题保持兴趣，"不管是什么事情，我都很想听听你的想法"。只要做到以上的要点，放下内心的阻碍紧紧跟随对方去倾听，或许就会从丈夫那里听到真心话："其实在公司了发生了这样的事，我很难受，搞得我身心疲惫啊！"听到这些后，妻子也第一次真切地体会到了丈夫的心情，并深深地理解丈夫："原来如此，难怪你会有这样的心情啊！"

• 请相信右脑的直觉和闪现

自我主张有三个基本态度：坦率、真诚和耐力。即使你好不容易做到了前两项，如果欠缺了第三个"耐力"，也会频受挫折。你或许会觉得"果然自己还是做不到啊"，可一旦在这里放弃，你之前的所有努力都会成为泡影。为了不轻易放弃，你需要的就是下面将要介绍的最后一种交流技巧"交涉"（Negotiation）。

提到交涉，大家可能很容易想到这需要像能干的销售员那样强行推销，或是用高超的谈话技巧来说服对方的能力，但这里所指的交涉完全不需要这些东西。我的诀窍就是将公司企划会议中经常使用的头脑风暴运用到夫妻间的对话里，直到达成双方都能接受的现实层面的共同点。头脑风暴是指为了萌发一个好的创意而集中一群人同时思考的方式。通过会议的参加者自由地表达各自的意见和想法的方式产生新观点和问题的解决方法，也称为"创意闪现"。当你面对"妻子开始在外兼职后，家里的晚饭该怎么办？""母亲生病需要照顾该怎么办？""周日丈夫要去打高尔夫球，而妻子想开车去购物该怎么办？"等有待解决的问题时，请试一下头脑风暴的方法。具体操作方法如下：

设定一个时限，例如 10 分钟，在此期间把能够想到的各种主意都说出来。无论别人提出怎样的想法，你们都要认可而不能否定对方。在大家充分表达了自己的想法和主意后，把它们写下来。"我觉得这样做比较好""我觉得这样做更好"像这样不断地交流碰撞的过程中，会有直觉闪现的瞬间，就能找到让自己和对方都感到满意的办法"啊，就是这个"。人在紧迫的时候，只要确保心理上的安全感，就可以发挥右脑的直觉闪现功能，跳出常识的束缚产生意想不到的解决问题的办法。

在放弃之前，请相信直觉闪现的存在。只要有信心，那么不会退缩的韧劲（耐力）就会成为召唤出直觉闪现的力量。在此，我也想请各位读者朋友们相信直觉闪现的力量，试着开始自己培养爱的沟通交流吧。

"你到底想成为一个怎样的自己？"

"为了变成这个理想的自己，你觉得父母在养育你的过程中，怎样做会更好？"

基于对方成长史的"培养爱的交流"就是从这样的对话开始

的。书后介绍了 SAT 印象疗法咨询师培训用的教材，请参照此咨询法首先从对自己进行咨询练起，你会在这一过程中看到想要成为的自己，并拥有了能够变成理想中自己的信心。接着你就可以作为咨询师，给配偶进行咨询，不断地重复进行对话模拟练习。其间可以加入你自己的修饰，直到你能自如地用自己的语言进行咨询。

  需要切记的是，在正式的咨询中"千万不要指责对方"。不要说对方的父母、祖父母、家族中的亲属等任何人的坏话。明确自己的作用只是通过成长史来帮助促使对方进行觉察。而且真正起作用的咨询并非只限一次，根据人们觉察程度的不同，有可能在那一瞬间打开了的心灵又很快闭合了。一个新的、理想的印象作为脑的神经活动模式要想固定下来，需要很多的时间。因此不要放弃，不断地去尝试吧。在持续努力的过程中，你们一定能体验灵魂交织的感觉，感谢让你们夫妻相遇的命运的奇迹。

附录一：再养育印象法（练习用）

Q1. 你想要变成怎样的自己？现在成为这样自己的自信度是多少？

例）不管会被别人说什么，都能说出自己的想法。
　　自信度 30%。

Q2. 如果成为这样的自己，你是能够得到他人的认可？还是不管别人怎样，自己可以相信自己？（如果来访者的回答是能够得到他人的认可的话，要引导其转换成自己能够信任自己的目标）

例）自己能够信任自己。（此处出现自我信赖欲求很重要）

Q3. 为了成为这样的自己，从理想上讲，你希望自己的父母从小怎样养育自己？

例）妈妈愿意听我说各种事情，爸爸很体贴。

Q4. 妈妈拥有怎样的性格和行为方式，就能够按照你所希望的样子养育你呢？在你的脑海中出现怎样的养育画面，就可以成为理想的样子？

例）耐心地听人说话的妈妈。

Q5. 如果妈妈要成为 Q4 中那样的性格和行为方式，祖父母和妈妈，以及曾祖父母和祖父母要过着怎样的生活？你希望是怎样的养育画面？请参照表 2-2 "感情一览表"来回答。闭上眼睛在大脑中想象他们具体详细的养育画面，制造出一个充满自信，闪耀着光辉的母亲的表情。

例）曾祖父母很长寿，关系非常好，祖父母间也恩爱地生活着，妈妈在很小的时候就能够自由地跟祖父母说各种事情。

Q6. 如果爸爸拥有怎样的性格和行为方式，就能够按照你所希望的样子养育你呢？（请闭上眼睛，在脑海中制作一个你从小时候开始就感到很满足，对自己充满信心，表情熠熠生辉的具体画面。）

例）能够倾听妈妈的心声、支持妈妈的爸爸。

续表

Q7. 如果爸爸要成为 Q6 中那样的性格和行为方式，祖父母和爸爸，以及曾祖父母和祖父母要过着怎样的生活，你希望是怎样的养育画面？（请参照表 2-2"感情一览表"来回答。闭上眼睛在大脑中想象他们具体详细的养育画面，制造出一个充满自信，闪耀着光辉的美好的父亲的表情。）

例）曾祖父母和祖父母都很恩爱，过着充足富裕的生活，让爸爸去做他自己想做的事情。

Q8. 你的母亲和父亲有没有得到祖母的充分的疼爱和关怀？（如果双方都是"有"的话，请从 Q10 开始。"没有"的情况，请按照 SQ1 所描写的那样，闭上眼睛在大脑中想象具体详细的画面。）

SQ1. 请想象祖母把妈妈或者爸爸搂在怀里，一边给他们唱着童谣或讲着童话故事一边哄他们入睡的情景。接下来再想象上小学放学回家后，祖母总是关心地问"今天在学校过得怎么样？"然后耐心地听爸爸妈妈说话并给他们回应的情景。这时，妈妈和爸爸是怎样的表情？当他们是这样美好的表情时，你现在感觉怎么样？（如果有了积极的情感，请转到 Q9）

Q9. 当你的母亲和父亲在遇到真正的困难时，祖父和祖母有没有全力地守护他们？（如果没有这种守护的印象，请按照 SQ2 所描写的那样，闭上眼睛在大脑中想象具体详细的画面。）

SQ2. 请想起爸爸或妈妈遇到困难不知所措时的情景，在大脑中制作一个祖父母全力守护他们的具体映像。这时，妈妈和爸爸是怎样的表情？当他们是这样美好的表情时，你现在感觉怎么样？（如果有了积极的情感，请转到 Q10。）

Q10. 那么，你的情况怎么样，有没有得到来自母亲的充分的疼爱和关怀？（如果"有"的话，请从 Q11 开始。"没有"的情况，请按照 SQ3 所描写的那样，闭上眼睛在大脑中想象具体详细的画面。）

SQ3. 请想象妈妈把你搂在怀里，一边给你唱着童谣或讲着童话故事一边哄你入睡的情景。接下来再想象上小学放学回家后，妈妈总是关心地问"今天在学校过得怎么样？"，然后耐心地听你说话并给你回应的情景。现在你感觉怎么样？（如果有了积极的情感，请转到 Q11。）

Q11. 当你在遇到真正的困难时，爸爸和妈妈有没有全力地守护你？（如果没有这种守护的印象，请按照 SQ4 所描写的那样，闭上眼睛在大脑中想象具体详细的画面。）

SQ4. 请想起你遇到困难不知所措时的情景，在大脑中制作一个父母全力守护你的具体映像。现在你感觉怎么样？（如果有了积极的情感，请转到 Q12。）

Q12. 如果你是由现在这样改变印象后的父母所养育成长，你觉得自己会成长为怎样的自己？现在会有怎样的心情？

例）可以自由地表达意见的自己，不知为什么感觉有了自信。

Q13. 为了成为 Q12 中的自己，不管父母如何，为了凭自己的力量去克服过去的给你带来无力感和孤独感的问题，你当时有必要去做些什么呢？（请用闪现来回答。然后闭上眼睛，在大脑中想象具体详细的画面。）

例）应该放弃对父母的期待，自己对自己负责，能够自己解决自己的问题。

续表

Q14. 那么，从此以后你想要变成怎样的自己？请用直觉来回答。

例）能够抬头挺胸地说出想法的自己。（如果不能成为有自信的自己的话，请回到 Q13，重新来过）

Q15. 为了在现实层面一步一步接近 Q14 中的自己，从现在开始应该采取怎样的行动呢？请不要过多思考用直觉来回答。

例）关于孩子的问题，从很久以前就有要对丈夫说却没能说出口的话，现在开始试着说说看

  执行自信度%（请设定自信度在 80% 以上的目标）

Q16. 那么请想象一下在今后的 1 年，2~3 年，5~10 年里，你都能够这样行动，你将变成怎样的自己？（如果答案与 Q14 一致，则可以结束。如果不一致，需要回到 Q15 或者之前的问题，检查在哪个环节出现了问题。）

附录二：双亲以及前世代再养育的指南表

性格印象的标准

◆ 精神安定，柔和体贴的人
◆ 能够说出自己想说的话，过着自己感到满足的人生的人
◆ 遇到困难时，能够向周围求助的人
◆ 接受孩子原本的样子，渴望孩子的诞生，不去比较孩子，并能够全力保护孩子的人
◆ 有自信的人

生活状态印象的标准

◆ 不要出现极度贫困的生活和重大疾病等可怜的状态
◆ 能够避免流产、死产、早死及分娩时的各种突发事件
◆ 避免出现寄宿、寄离、隔代抚养等由养育者之外的人抚养的状态
◆ 避免出现暴力、借酒撒疯的生活状态

后 记

　　我曾接触过许多抱有身心疾苦的人，他们中有的大多数是通过修复夫妻关系而从那些烦恼中解脱出来的。仅仅是基于 DNA 气质的特征，来建议他们对配偶可以期待什么和不能期待什么，就可以使夫妻关系得到改善。还有一些夫妻在意识到世代间遗传的特殊人生脚本对自己人生问题的影响后，变得能正确理解自己的伴侣，认识到了彼此就是自己。

　　令人遗憾的是，有许多夫妻白白错失了"命中注定的相遇"这一难能可贵的缘分。本书的目的就是希望大家能学会重拾命运之爱的方法，重新构筑起情感丰富的夫妻关系。

　　我是经历过一次离婚后再婚的。为了读者能够更好地理解本书的内容，我打算跟大家说说我自己的例子。

　　回首我的人生，深深感到自己的"救世主"情结还真是严重。即使是现在，我也能历历在目地回忆起那些为了感受到被他人所需要而全力以赴的事情。

　　20 多岁时，我在日本护士协会工作，投身于改善护士的不足以及看护劳动等社会化的问题，并协助人事院发起对护士的倡议。

　　30 多岁时，我在"国立"精神保健研究所工作，会同厚生省精神保健科，针对精神病院侵害人权的问题，主张推进精神保健法的修改。

40多岁时,我在赴任筑波大学后不久,就作为世界卫生组织(WHO)的顾问,投身于世界艾滋病防御政策的立案及倡议工作,同时参与到日本及东南亚、南亚的艾滋病预防感染对策和治疗对策的工作中,通过电视、广播以及亲自讲授等方式,一年内就做了500次艾滋病预防的启蒙和知识普及讲座。

在"海湾战争"和"秘鲁人质事件"后,我通过NHK短波广播向人质们播送"如何在绝望中求生"的方法,并通过日本国外企业协会,同故野田卫先生一道,积极地探索对被解救的人质进行心理咨询的支援对策。

现在的我正静静地开发着能治疗连西方医学都束手无策的癌症、抑郁症、精神分裂症等疾病的心理治疗方法。当我觉察到"一旦有危机就不自觉地燃起斗志"的自己之后,原本激烈的救世主症候群特征变得平和而稳定,并持续至今。

走过了这样人生之路的我,其实是难产出生,从我生命之初就已经体验到了生命的危机。母亲说难产是由于接生婆来得太迟了。在我的幼年期,曾数次因肺炎差点丧命。或许就是因为这些最初的经历,让我与医疗、护理和母婴保健等工作结下了不解之缘吧。

我在对自己进行退行催眠法后,真实地感受到了胎内的寒冷、脖子被脐带缠绕,生命面临着威胁。至今我仍本能地对扣紧衬衫衣领周围的纽扣感到极其厌恶。存储在杏仁核中的这种胎内期的恐惧记忆,让我过去常常为头疼、肩酸等交感神经紧张症状及腹泻、尿频、过敏性鼻炎等副交感神经反射引起的症状所困扰。

我的母亲在幼年便与我的祖父分开,后来祖父又在事故中丧生。也许是出于这个原因,母亲虽然很坚强,但仍有一种想要寻求父亲般守护的情结存在，有些时候就显得精神不太安定。婚后与公婆同住，更加导致她精神上的不安定。从我上小学开始一直到初中的那段时间，听妈妈倾诉就成了我的职责。在婆媳关系中，父亲没能给母亲精神上的支持，因此代替父亲完成这一使命成了我得到母亲关爱的方法。其实可以说从那时起我已经在精神层面失去了母亲。

读研究生的时候，我迎来了第一次婚姻。成年后的我很自然地认为要与我成为人生伴侣的不应是和我一样的人，而是一个需要我去保护的弱者。我想这是因为我已经从母亲那里习得了这唯一能得到爱的方法——在精神层面去守护伴侣。但选择弱者作为人生伴侣，也让我和真实的自己越离越远。

我是以自我为中心、容易感到寂寞的事业型的循环气质，但前妻却无法给我支持，所有的事情都得由我出面决定。那时候，为了生活，我办着补习班，还在一所高中做兼职教师，内心真的很孤独。我没有可以撒娇的对象，就那样一直独自努力着，后来我的精神也崩溃了。于是我不但无法守护伴侣，反而有时将火气发泄到她身上。就这样，三年的婚姻生活画上了句号。

在承受了那么多的痛苦回忆离婚后，我所喜欢的仍然都是同样类型的弱者。不知道为什么，就是无法喜欢上可以向她撒娇、同自己对等类型的人。于是我放弃了找喜欢的人做配偶这种想法，而是接受他人的介绍，从那之中选择感觉能成为最佳伴侣的人。

就这样，我结识了现任妻子。她是一个护士，现在从事视觉障碍患者的指导帮助工作，跟我一样也是救世主症候群，但没有我这么严重。因为是自闭气质，她会以他人为中心但又有着自己的兴趣世界，能够享受孤独。自闭气质和循环气质是来自两个星球的人，具有极大的互补性，正是这一点帮助了我们。另外，非常幸运的是

后 记

我们两个人都有执着气质和新奇气质，所以除了不同之外，也有心意相通、合得来的地方。以自我为中心的我，在内心隐约存在对女性的不信任，但她有着不会撒谎、也不会欺骗别人的气质。第一次见到她时，我的直觉就告诉自己她是可以相信的人。于是，她接受我的孩子气，相信我，指出我的问题，并且会一直耐心地等候、陪伴在我身边直到我能够去面对和克服自己的问题。对此，我十分感谢她。

我的这种经历就是本书写作的基础。为了找到自己的"命运之爱"，我经历了如此迂回曲折的过程，但现在的我每一天都过得很幸福。

一直陪伴在你身边的那个人，对你而言就是命中注定的人。所以请观察自己真实的内心，接受对方本来的样子，去构筑属于你们的互相信赖的伴侣关系吧！不再是为了生存，而是为了爱，去度过生活的每一天。

2005 年 10 月

（如果用本书中介绍的方法无论如何也无法修复你们已经恶化的夫妻关系，可以通过参加 SAT 疗法培训工作坊，或者寻求 SAT 疗法咨询师的专业咨询帮助，具体事宜请通过邮件进行咨询 Email：hwy – 81@163.com 或关注"SAT – SDS – China" SAT 疗法中国总部微信订阅号，获取最新资讯。）